NOUVELLES ARCHIVES

DES

MISSIONS SCIENTIFIQUES

ET LITTÉRAIRES

CHOIX DE RAPPORTS ET INSTRUCTIONS

PUBLIÉ SOUS LES AUSPICES

DU MINISTÈRE DE L'INSTRUCTION PUBLIQUE ET DES BEAUX-ARTS

NOUVELLE SÉRIE

Fascicule 10

PARIS

IMPRIMERIE NATIONALE

MDCCCCXIII

NOUVELLES ARCHIVES

DES

MISSIONS SCIENTIFIQUES

ET LITTÉRAIRES

NOUVELLES ARCHIVES

DES

MISSIONS SCIENTIFIQUES

ET LITTÉRAIRES

CHOIX DE RAPPORTS ET INSTRUCTIONS

PUBLIÉ SOUS LES AUSPICES

DU MINISTÈRE DE L'INSTRUCTION PUBLIQUE ET DES BEAUX-ARTS

NOUVELLE SÉRIE

Fascicule 10

PARIS

IMPRIMERIE NATIONALE

MDCCCCXIII

RAPPORT

SUR

UNE MISSION DE PHILOLOGIE EN GRÈCE.

ÉPIGRAPHIE ET CHIROGRAPHIE,

PAR M. MOÏSE SCHWAB,

CONSERVATEUR ADJOINT HONORAIRE DE LA BIBLIOTHÈQUE NATIONALE.

Monsieur le Ministre,

Un arrêté ministériel de votre prédécesseur m'a confié la mission de chercher en Grèce des documents de philologie orientale, concernant l'histoire de ce pays. En fait, l'École française d'archéologie à Athènes, dont l'éloge n'est plus à faire, a largement étendu son domaine primitif. De l'antiquité classique, qui dans les premières années d'exercice de cet établissement avait été son seul sujet d'élaboration, celui-ci a passé aux études médiévales, et maintenant il embrasse aussi la philologie orientale.

Sous ce dernier rapport, les fouilles opérées par ses soins ont amené la découverte d'inscriptions d'une époque fort reculée, dont les unes font remonter l'écriture alphabétique plus haut que le temps des Phéniciens, et dont d'autres datant du moyen âge, ou des temps modernes, enrichissent l'histoire de l'Hellade, par des épitaphes hébraïques. Je l'ai démontré dans mes lectures à l'Académie des Inscriptions et Belles-Lettres (Institut de France), le 31 juillet 1908, et au XVe Congrès des Orientalistes à Copenhague, le 13 août suivant.

Toutefois, ce cadre scripturaire, réduit à l'épigraphie, est quelque peu restreint, par défaut de spécialiste en langues sémitiques parmi les membres de ladite École. Plusieurs d'entre eux ont pris la peine de dessiner, ou d'estamper, ou de photographier, des textes non compris par eux, étrangers à leurs travaux habituels, puis transmis à Paris dans un état peu lisible.

Cette observation est encore plus sensible pour la copie et pour l'examen de manuscrits qui intéressent — quoique moins directement — la philologie grecque. Elle est par exemple applicable à la lecture d'« un cantique de liturgie juive en langue grecque », que nous avons publié dans la *Revue des études grecques* (avril-juin 1911, t. XXIV, p. 152-167). C'est une contribution à l'hellénisme littéraire au temps de la Renaissance.

Il m'a donc semblé opportun d'aller sur place, pour agrandir en nombre les copies de textes de cette nature, gravés ou écrits, soit sur pierre, soit sur papier ou parchemin, qui sont enfouis dans les musées, ou dans les bibliothèques des communautés religieuses en Grèce. Est-il nécessaire d'insister sur l'utilité de ces recherches mises au jour, sur les fruits que de telles publications peuvent produire?

Permettez-moi, Monsieur le Ministre, de citer à cet effet les comptes rendus des missions analogues, en France et en Espagne, que vos prédécesseurs m'ont confiées. Sur ces missions, selon l'avis favorable du Comité des travaux historiques, les rapports ont paru dans les *Archives des missions scientifiques et littéraires* (1904 et 1907, t. XII et XIV). Il faut croire que ces « rapports » étaient dignes de figurer dans ladite Collection, puisque en 1906 et en 1908 ils ont été couronnés par l'Académie des Inscriptions (prix Lalande-Guérineau et prix Saintour).

Les textes recueillis jusqu'à présent constituent, en somme, deux grandes catégories, à délimiter ainsi :

1° Épitaphes et dédicaces gravées sur pierre ou sur métal (monnaies);

2° Manuscrits grecs en caractères carrés; étude des transcriptions du grec.

Certes, chacun des rapports précités (France et Espagne) contient beaucoup plus d'épitaphes qu'il n'y en a en Grèce; celle-ci, par contre, offre une mine encore inépuisée d'observations philologiques.

Assurément, les questions traitées ici ne sont pas neuves; elles ont été envisagées depuis le moyen âge jusqu'aux temps modernes; mais c'est seulement dans les dernières années que le sujet a été traité par la méthode scientifique, par classifications dûment motivées. En conséquence, il a paru intéressant de jeter un coup d'œil aussi bien sur les livres que sur les pierres et les médailles, puisque l'examen des unes s'effectue à l'aide des autres.

Dans les pages qui vont suivre, il ne s'agira pas exclusivement de découvertes plus ou moins récentes, faites dans le présent domaine, mais de signaler ces recherches à un public moins restreint que celui des spécialistes, de vulgariser en quelque sorte ces recherches par des aperçus sur une dérivation particulière de la philologie classique. Ces aperçus n'ont nullement la prétention d'être complets; ce sont seulement des éléments pour qui voudra, un jour, dresser le tableau de la littérature judéo-grecque, avec la bibliographie du sujet.

A l'appui de théories générales, nous citerons des exemples d'interprétation de médailles, d'épigraphes et d'épitaphes, parfois longuement commentées, empruntées aux meilleurs hellénistes, pour chacune des trois sections dont se compose le présent rapport : I. Linguistique; II. Épigraphie; III. Liturgie. Au lieu d'une disposition géographique, elle sera chronologique[1], afin de montrer par quelles transformations a passé ce curieux amalgame de langues si diverses qui sont employées dans le Levant. De là naît, il est vrai, le manque apparent d'uniformité dans le plan du présent exposé, un certain désarroi créé par les digressions : le lecteur voudra bien les excuser, par égard pour la vue d'ensemble, pour le but final,

[1] Aussi, bien après la rubrique «Smyrne ancienne», se trouve un paragraphe «Smyrne moderne»; de même il y a un «Délos antique» et un «Délos médiéval» et deux Saïda.

que voici : montrer quels principes ont présidé à l'évolution du langage judéo-grec, à ses transplantations successives, selon le cours des siècles.

Puisse cette impulsion susciter de plus nombreuses découvertes !

Veuillez agréer, Monsieur le Ministre, etc.

I. LINGUISTIQUE JUDÉO-HELLÈNE.

La spécialité du grec écrit en caractères hébreux s'étend bien au delà de l'Hellade; elle règne depuis la Syrie jusqu'en Italie méridionale, on peut dire même en Asie et en Afrique.

Pour se rendre compte de ce qu'en philologie sémitique on appelle plus ou moins exactement le « judéo-grec », pour celui qui veut suivre sa constitution et sa filiation, il est bon de procéder avec méthode et d'adopter à cet effet l'ordre chronologique de sa genèse. Déjà un Midrasch y fait allusion en ces termes [1] : « Lorsque la Providence se révéla aux Israélites en leur donnant la Tôra, elle ne la promulgua pas en une seule langue, mais en quatre langues, ainsi que cela résulte allégoriquement de ces mots du *Deutéronome* (XXXIII, 2) : *L'Éternel est venu du Sinaï*, c'est-à-dire en langue hébraïque; *de Séir*, ou en langue romaine (grecque et latine); *du mont Paran*, en arabe; *par myriades saintes*, en araméen. » Quelle que soit la date précise de ce texte médiéval, il est curieux. Il constate, par une image pittoresque, selon l'exégèse de l'époque, le concept des relations entre des langues de souches différentes, entre celles des Aryens et celles des Sémites.

Beaucoup de mots, étrangers à l'hébreu et au chaldéen, se sont conservés dans les livres rabbiniques sous une forme qui s'éloigne un peu de l'original, tout en gardant leur caractère essentiel quant au fond, conservant l'indice d'une provenance indo-européenne. Soit dans l'antiquité classique pour le grec et le latin, soit plus tard et jusqu'à nos jours pour d'autres idiomes, le Juif s'est assimilé plus ou moins la langue du pays où il a vécu; car, par elle, il était en relation avec ses compatriotes. Toutefois, pour y arriver aisé-

(1) *Sifré*, section *Berakha*, § 343.

ment, il s'est servi des caractères qui lui étaient le plus familiers, tantôt carrés, tantôt cursifs, comme nous l'avons déjà exposé [1]. Une page [2] d'un récent volume du rabbin Félix Perles, intitulé : *Jüdische Skizzen,* résume à grands traits ce point d'histoire littéraire. Par l'irruption de l'hellénisme en Asie, à la suite des armées victorieuses d'Alexandre le Grand, le grec devient en peu d'années la langue universelle. Les Juifs eux-mêmes, malgré leur propension d'antan au séparatisme, ne purent résister à l'étrange force d'attraction de la culture grecque... Déjà, la langue des Juifs se montrait trop pauvre pour exprimer pleinement la profusion de notions nouvelles qui affluaient vers eux. Pour beaucoup d'objets, toute désignation indigène faisait défaut. C'est ainsi qu'une quantité de mots grecs furent admis dans l'hébreu et l'araméen, et il y a un vif intérêt à considérer de près tous ces termes d'emprunt. On y trouve représentés, de la façon la plus riche, les aspects variés de la vie politique : administration, gouvernement, appareil juridique et pénal, impôts, choses militaires; tout cela les Juifs, depuis l'époque d'Alexandre, ne pouvaient se le figurer que sous des désignations grecques, et les conséquences s'en font sentir encore aujourd'hui, puisque des mots comme *epitropos* « tuteur », ou *categoros* « accusateur », sont aussi familiers à tout talmudiste actuel que les termes hébraïques.

Cette influence hellénique s'étendit, à un degré égal, sur tous les domaines de la civilisation : littérature, arts et sciences, agriculture et métiers, commerce et transactions, économie domestique et confort, alimentation et habillement, accusent dans leurs dénominations la marque toute-puissante de l'hellénisme. Sont encore désignés à la grecque : les minéraux, plantes et animaux, les matières premières et les produits industriels, les bâtiments, théâtres et cirques, bateaux et voitures, les bains, avec tout ce qui s'y rapporte, les monnaies, poids et mesures, bref tout ce qui frappe les sens.

Essayons de saisir cette évolution, de voir comment le contact journalier entre Aryens et Sémites a forcé ces derniers d'admettre dans leur littérature les mots étrangers, les *loazim,* tandis que l'in-

[1] *Journal asiat.*, 1894, t. II, p. 565-587; *Mélanges Havet* (1895), p. 317-324; *Semitic Studies in memory of Rev. Alex. Kohut*, p. 514-542.

[2] Traduite dans l'*Univers isr.* du 2 août 1912 (p. 107), par M. Julien Weill.

verse avait également lieu [1]. Il y a quarante ans, Arsène Darmesteter a montré [2] comment l'admission des mots grecs et latins dans les vieux livres rabbiniques s'est faite avec certaines altérations, pendant que, d'autre part, en épigraphie, en numismatique, on a souvent utilisé les caractères sémitiques.

1. Numismatique.

Sans aller loin, au Cabinet des médailles et antiques de la Bibliothèque nationale, on trouve une pièce revêtue du monogramme suivant : [monogramme]; ce sont évidemment les lettres Μ Γ Δ amalgamées, applicables à la ville de ΜάΓΔολον, mot sémitique grécisé. Un autre monogramme, ayant la forme [monogramme], composée des mêmes éléments, fournit assez clairement les quatre lettres phéniciennes מגדל. L'un et l'autre désignent la ville égyptienne de Magdala, ainsi nommée par la Bible (Jérémie, xliv, 1; Ézéchiel, xxix, 10). Cette partie de l'Égypte, vers la frontière de la Palestine, était plus phénicienne qu'égyptienne ou grecque, par sa population asiatique. — Telle est du moins l'opinion de François Lenormant, assez bien placé pour consigner d'aussi judicieuses remarques, dans son *Essai sur le classement des monnaies des Lagides*, quand il a traité des tétradrachmes [3]. Il ne faudrait pourtant pas adopter un tel avis sans réserve, puisqu'un monogramme similaire se trouve sur des médailles de Cappadoce, décrites par M. Théodore Reinach [4].

Dans le même ordre d'idées, suivons la marche du système graphique des Phéniciens, allant d'Orient en Occident, et nous trouverons des traces d'autant plus précieuses qu'elles sont clairsemées, conservées sur les monnaies du temps. À Issus, en Cilicie (Asie Mineure), une médaille porte le nom primitif de cette ville : ין,

[1] Une liste de «mots hébreux qui ont passé dans le grec et le latin» a été donnée par Ulysse Robert, dans son édition du *Codex Lugdunensis*, Introd., p. cxxiv, et de même les deux premiers versets de la *Genèse* sont transcrits de l'original en arabe par Abou Zeid Ahmed b. Sahl al-Balkhi, *Livre de la Création et de l'histoire*, trad. Clément Huart (Paris, 1899), I, 135.

[2] *Romania*, t. I, p. 93-96.

[3] *Revue numismatique*, t. XIX, p. 40.

[4] Même *Revue*, 1881, pl. XXI.

comme plus tard on y trouve le nom araméen תריבזו « Tiribazus », au Baal debout[1].

A Eryx (Sicile), des pièces du IVe au IIIe siècle av. J.-C. portent le mot phénicien ארך[2]. Ce nom de ville ainsi tracé, quoique d'origine carthaginoise, prouve la présence d'artistes grecs, graveurs de matrices des monnaies, capables d'écrire des lettres sémitiques.

A Marathus (la moderne Amrit), les monnaies d'argent aux types alexandrins[3] ont des légendes grecques, et celles de bronze plus populaires sont libellées en phénicien, presque toutes datées à la façon usuelle de ces navigateurs[4], par exemple : III - NNN שת (= 73 שנת « l'an »). Le mot מרת « Marathos[5] » se trouve sur un bronze de 8 grammes, orné à l'avers d'un Asklépios Eschmun, au bâton serpentin, daté des années 33-35; au revers, il a une tête de reine voilée. Le même terme est gravé : 1° sur un bronze de 9 grammes, daté de l'an 40, au Marathos debout; 2° sur un même bronze de 85 grammes, daté de l'an 80, ayant au revers le buste de Ptolémée VI en Hermès; 3° sur une Victoire de 65 grammes, datée de l'an 85, au buste de femme laurée sur le revers.

Les deux lettres עץ, ou mieux עב, figurent les premiers caractères du nom Εὐ[αγόρας] à Salamis, ou du roi Strato II déposé par Alexandre le Grand.

Au cours d'une exploration en Tripolitaine et en Cyrénaïque, M. Clermont-Ganneau a séjourné, du 23 au 27 mars 1895, à *Leptis Magna*[6], avant M. Méhier de Mathuisieulx[7]. L'estampage qu'il a pris d'une longue inscription latine dans cette localité africaine lui a permis de lire avec certitude, le nom LEPCIS MAGNA.

[1] V. Barclay V. Head, *Historia Numorum, a manual of Greek numismatics* (Oxford, 1911, in-8°), p. 722 et 730.

[2] Cf. Lidzbarski, *Handbuch der Nord semit. Epigraphik* (Weimar, 1898, in-8°), p. 140. C'est aussi un nom propre ou de dignité : *op. cit.* p. 226 *b.* Cf. *C. I. S.*, n° 67, t. I, p. 82 (deux fois); n° 135, p. 168-175.

[3] E. Babelon, *Catal. des monnaies gr. de la Bibliothèque nat.;* les Perses achéménides, les Satrapes, etc. Cypre. Phénicie (Paris, 1893, in-fol.), pl. XXVIII. Symbole : un palmier,

[4] L. Muller, *Numismatique de l'ancienne Afrique*, II, n° 1396. Cf. *Répert. d'épigraphie sémitique*, II, p. 115, n° 691.

[5] A ne pas confondre avec le mot homonyme, qui signifie : « dame, souveraine ».

[6] *Recueil d'archéologie orientale*, VI, p. 41-47; *Répert. d'épigr. sém.*, II, p. 12, n° 518.

[7] *Nouv. Archives des Missions scientifiques*, t. X, p. 245-277.

Le texte complet traite de l'érection d'une statue honorifique par la ville de *Leptis Magna*, et par les soins du comité exécutif de sa municipalité, à son patron, gouverneur de la province de Tripolitaine, Flavius Victor Calpurnius, en reconnaissance des services considérables qu'il lui avait rendus. Or M. Clermont-Ganneau insiste avec raison sur la forme LEPCIS, dont *Leptis* était une altération consacrée par l'usage [1]. Outre le nom de femme *Lepcitana*, lu dans une inscription à Lambèse, on a une série de monnaies puniques attribuées à *Leptis*, où le nom de cette ville est écrit לפקי, *Lepki*. Désormais, la forme *Lepcis* est établie, et le י final donne la forme ethnique (ou adjective) du nom לפק.

Au nom *Muse* qui figure dans une dédicace à la *Domina cælestis* d'une épigraphe trouvée par M. Méhier de Mathuisieulx, on peut comparer le nom punique מצת [2].

עלפתא est la transcription du nom de ville Alipota, en Byzacène (Tunisie septentrionale), mot placé à côté d'une tête de la déesse phénicienne Astarté. Au revers, un caducée.

Les mots אפון et (par corruption sans doute) טפעתן sont inscrits en équivalence du nom de localité Hippo [3] Regius (Afrique du Nord). Enfin, לכש ou לכס est le nom de Lix (ξ = כש) sur la côte atlantique de la Mauritanie [4] (à ne pas confondre avec l'homonyme biblique : Lakish, dans *Josué*, xv, 39).

On sait que, parmi les plus anciennes monnaies juives, à savoir celles des Macchabées, plusieurs sont bilingues, semi-grecques et semi-hébraïques [5]. Ainsi celle d'Alexandre Jannée porte, à l'avers, les mots יהונתן המלך « le roi Jonatan », et au revers les mots ΒΑΣΙΛΕΩΣ ΑΛΕΞΑΝΔΡΟΥ [6]; celle d'Antigone a, sur l'avers, les mots ΒΑΣΙΛΕΩΣ ΑΝΤΙΓΟΝΟΥ, et au revers les mots מתתיה הכהן הגדול « Matatia le grand prêtre ». Hérode, moins scrupuleux pour la langue de ses sujets, se contente d'une légende grecque : ΒΑΣΙΛΕΩΣ ΗΡΩΔΟΥ, et son fils Archélaus agit de même : ΗΡΩΔΟΥ

(1) Cf. Büchler, *Rhein. Museum für Philologie*, 1904, p. 638.

(2) *C.I.S.*, I, n° 235; Clermont-Ganneau, *Recueil d'archéologie orientale*, VI, p. 42.

(3) Pour ce nom sur des monnaies, voir L. Muller, *op. cit.*, III, p. 53; Lidzbarski, *Handbuch*, p. 224^b.

(4) Cf. L. Muller, *op. cit.*, III, p. 155; Lidzbarski, *op. cit.*, p. 309^b.

(5) Th. Reinach, *Jew. Encyclopedia*, IX, 350-356, et 2 planches.

(6) C'est aussi le cas d'une médaille de bronze de la veuve de Jannée, ou Alexandra Salomé (Madden, p. 92).

ΕΘΝΑΡΧΟΥ, ainsi qu'Agrippa, dont la monnaie a ΒΑΣΙΛΕΩΣ ΑΓΡΙΠΑ. A la suite on peut placer les six premières monnaies aksumites, avec légendes en caractères grecs [1] de noms sémitiques.

2. Ossuaires. Épigraphie bilingue.

La dualité, qui vient d'être constatée, cette façon d'employer les deux langues concurremment, se retrouve vers la même époque sur d'autres monuments également sobres de détails. « Le dialecte dit *hellénistique*, ἑλληνιστής, — observe M. Clermont-Ganneau [2], — c'est-à-dire la langue grecque parlée par des Syriens, particulièrement par les Juifs d'Asie et d'Égypte, telle qu'elle apparaît par exemple dans les textes du Nouveau Testament, montre une tendance très accusée à introduire dans les noms propres de fortes contractions. » Le savant épigraphiste a tiré cette remarque générale de son examen des Ossuaires qu'il avait sous les yeux [3].

Sur un ossuaire, au-dessous du grec Βερνίκη (Bérénice), on lit l'hébreu בנקי, par disparition ou contraction du ר = ρ [4]. Pareillement, sur un coffret de la même série, à côté du nom Πτολμᾶ (pour Πτολεμᾶ, ou mieux Πτολεμαῖος), se trouve la désignation hébraïque de cet objet : מחוי יאיר « couvercle de Yaïr ». La transcription usuelle de ce nom hébreu figure, bien au complet, sur un autre de ces ossuaires, en ces termes : Ἰάειρος Ἰωάννου.

Cependant, après ces manifestations de bon voisinage de deux langues, cheminant côte à côte, on constate que, même en Asie, à l'usage de prénoms et de titres des fonctionnaires juifs, la langue occidentale domine seule, ainsi que nous l'apprend le savant précité.

Dans son mémoire intitulé : *Épigraphes hébraïques et grecques sur des ossuaires juifs inédits* [5], M. Clermont-Ganneau a publié un premier groupe de petits textes, qu'il a tirés de la Palestine. Les n°s 1-30 proviennent d'un seul caveau funéraire, sur la colline dite

(1) Publiées et commentées par Joseph Halévy, *Mélanges d'épigraphie et d'archéologie*, p. 135-143.

(2) *Revue archéologique*, 1873, I, p. 405, note.

(3) *Ibid.*, p. 398-412.

(4) Cf. *Répert. d'épigraphie sémitique*, t. II, p. 122, n° 713.

(5) *Revue archéologique*, 1883, I, p. 257-276, avec planche. Cf. *Répertoire d'épigraphie sémitique*, II, p. 113-119 et 123-125.

du *Mont du Scandale*, en face de Jérusalem, de l'autre côté de la vallée de Josaphat. On y remarque les noms שלמציון « Salut de Sion »[1] = Σαλαμψιώ; מרתא בת פצחי, « Martha fille de Pashaï » (Pascal); קרקס, Corcos; ΜΟCΧΑC, équivalent de עגלת « génisse »; ΜΑΡΙΑΔΟC (?), de « Marias »; ΚΥΡΘΑC, outre les noms bibliques: Juda, Simon, Eleazar, Jésus, Nataniel, Yehoḥanan (nom originaire de Jean), et Joseph.

Un autre groupe analogue a paru dans le Rapport du même savant sur sa nouvelle exploration archéologique, effectuée durant l'année 1881, analysée dans son cinquième Rapport[2], lequel est daté de février 1882. Les inscriptions en hébreu carré occupent les n°s 71 de la série I, et les n°s 5, 9, 11, 26, 27, 50, 76, 117, 128, 132 de la série II. Les inscriptions judéo-grecques occupent les n°s 2, 17, 70, 76, 77, 91 de la série I, et les n°s 4, 6, 7, 11, 15, 28, 29, 30, 31, 32, 33, 34, 36, 128 (à Djebaïl, l'antique Byblos), 132 (Gezer), de la série II.

NICANOR.

Sur un ossuaire provenant d'un caveau sépulcral des environs de Jérusalem, il y a une inscription bilingue, grecque et hébraïque, ainsi conçue[3]: *Ὀσ7ᾶ τῶν τοῦ Νεικάνορος Ἀλεξανδρέως ποιήσαντος τὰς θύρας.* נקנר אלכסא « Ossements des (fils ou descendants) de Nicanor l'Alexandrin qui a fait les portes; *Nicanor Alexa.* »

Le nom נקנר, dépouillé des *matres lectionis*, est suivi du mot אלכסא, sur la nature duquel on peut hésiter à première vue. Dans la littérature talmudique, אלכסא, *Alaksa*, se rencontre plusieurs fois comme nom propre d'homme, porté par des Juifs aussi bien que par des païens. On connaît même un Rabbi Alaksa : c'est incontestablement la transcription d'un nom grec, passé dans l'onomastique juive, = Ἀλεξᾶς. Néanmoins, il paraît difficile de considérer ici אלכסא comme un nom de personne, comme un second nom de Nicanor, par exemple, ou bien comme le nom de son père. M. Clermont-Ganneau croit plutôt qu'il faut y voir un ethnique, à savoir l'équivalent du Ἀλεξανδρέως « Alexandrin » de la

[1] Cf. le nom talmudique de Salomé Jannée, tr. *Ṣabbat*, 16^b; Lévit. R, s. 35 (fol. 180^a).

[2] *Archives des Missions scientifiques et littéraires*, 3e série, t. XI (1885), p. 157-251 et 12 planches.

[3] *Recueil*, t. V, § 53, p. 334-340.

partie grecque. Il est vrai que la forme ordinaire de cet ethnique est, dans l'hébreu post-biblique : אלכסנדרי, forme tirée régulièrement du nom de la ville. Mais on peut supposer que אלכסא était une abréviation populaire de אלכסנדרי.

Que peuvent être ces portes, dont il est dit qu'elles ont été faites par Nicanor ? On ne saurait s'arrêter à l'idée qu'il s'agirait des portes du sépulcre même, fait trop banal pour être rappelé dans cette courte inscription. Il s'agit évidemment d'une œuvre mémorable dont on tenait à rappeler le souvenir comme un titre de gloire pour la famille. Il s'agit donc de la fameuse porte du Temple de Jérusalem, célèbre dans l'antiquité par sa magnificence.

Flavius Josèphe (1) et les deux Talmud parlent longuement de cette porte de Nicanor, et, dès lors, les légendes confondent le général syrien, vaincu par Juda Macchabée (2), avec le donateur alexandrin, qui a offert des portes au Temple : il avait fait exécuter à Alexandrie les battants en bronze, ornés de ciselures d'or et d'argent. Or, selon la glose sur *Meghillath Taanith* (XII, 3), la fête du « jour de Nicanor », célébrée le 13 Adar, a pour but de commémorer la victoire remportée l'an 161 av. J.-C. sur Nicanor, généralissime d'Antiochus Épiphane (3). C'est aussi l'avis exprimé par les deux Talmud (4), tandis que, d'autre part (5), tous deux racontent qu'à la suite d'une tempête et du dévouement manifesté par le donateur, les deux portes sont miraculeusement parvenues d'Alexandrie à Jérusalem. Cette seconde explication, quoique légendaire, est donc historique.

Il en est de même sur d'autres documents, un peu plus étendus, où les deux langues figurent également côte à côte. Dans l'inscription de Nora (6), selon la judicieuse remarque de M. Joseph Halévy (7), le mot שנגר est l'équivalent de la forme grecque Ναγίδου; ce qui n'est pas étonnant, dit-il, pour une époque aussi récente

(1) JOSÈPHE, *De bello Jud.*, V, v, 3; VI, v, 3; *Antiquit.* XII, x, § 4 et 5.

(2) Ier livre des *Macchabées*, VII, 49; VIII, 47; IIe livre, XV, 33 et 36.

(3) GRAETZ, *Geschichte*, t. III (2e édit.), p. 420.

(4) Jér., tr. *Taanith*, II, 2, fol. 66a, en haut; B., fol. 18b; tr. *Meghilla*, Jér., I, 4, fol. 70c bas, outre la Mischna, sect. V, tr. *Middoth*, II, 3.

(5) Jér., tr. *Yoma*, III, 8 (10), fol. 41a, milieu; B., fol. 38a. Cf. *Yosippon*, chap. 24.

(6) En Sardaigne. Voir H. DE MALTZAN, *Reise auf der Insel Sardinien*, p. 526-539.

(7) *Mélanges d'épigraphie et d'archéologie sémitiques*, p. 88 et suiv.

que celle de notre monument. C'est à la même influence grecque qu'il faut attribuer la fréquente omission du mot בן « fils » dans les inscriptions de Palmyre [1].

Dans l'inscription trilingue des mêmes parages (en Sardaigne), le mot מארח, transcrit Μηῤῥή en grec et *Merre* en latin [2], dérive de l'hébreu ארח « recevoir un hôte »; ici, notre terme signifie « hospitalier », à l'état de participe présent.

Comme le rapporte le même savant linguiste, « un des colosses voisins du temple égyptien d'Ipsamboul (Abousimbel), en Nubie, porte une inscription grecque provenant des mercenaires qui ont suivi Psammétique [3], lors de sa poursuite des soldats égyptiens dans le territoire de Meroë, environ l'an 650 av. J.-C. A côté de l'inscription grecque, se trouvent plusieurs lignes en écriture phénicienne, qui semblent provenir également des soldats phéniciens enrôlés dans l'armée de Psammétique. Si cette provenance était prouvée, on aurait dans ces documents (qui ont la particularité d'être bilingues) une inscription phénicienne de la moitié du VIIe siècle avant notre ère : c'est un point de départ certain pour la paléographie sémitique en cette région. Cette considération donne à ladite inscription une importance de premier ordre. »

3. Bible, Talmud, Midrasch.

A la suite de la conquête d'Alexandre le Grand (332 av. J.-C.) qui a répandu le grec en Palestine, des mots grecs sont entrés également dans la littérature des Juifs, en particulier dans le livre de Daniel, écrit — comme on sait — vers l'époque d'Antiochus Épiphane. M. Hartwig Derenbourg [4] a signalé une quinzaine de ces mots. Ce sont : כרוזא *karoza* « héraut », de κῆρυξ; – קרנא *karna* « instrument à vent »; c'est peut-être un compromis entre κέρας et קרן; – משרוקיתא *maschrokita* « genre de pipeaux », à rapprocher de σύριγξ; – קתרס *katros* et קיתרס *kitaros* « cithare » de κίθαρις et

(1) M. de Vogüé, *Syrie centrale*, n° 3, etc.

(2) *C. I. S.*, n° 143, p. 187-189.

(3) Hérodote, livre II, chap. 28, § 30; Pline, livre VI, chap. 35; Diodore de Sicile, livre I, chap. 67.

(4) *Les mots grecs du livre biblique de Daniel*, dans *Mélanges Graux* (Paris, 1884), p. 235-244. Cf. Isid. Loeb, *R. É. J.*, VIII, 294-295.

κιθάρα; — שבכא *sabeka* « sorte de harpe » = σαμβύκη, σάμβυξ, peut-être ἰαμβύκη; — פסנתרין *psanterin* « instrument de musique », déformé de ψαλτήριον; — סומפניה *sumphoneyah* « cornemuse » = συμφωνία; — פתגם *pitgam* « parole »; peut-être de φθέγμα, ou de ποτί ταγμα pour πρόσταγμα [1]; — פטיש *patisch*, serait, d'après Ewald, le grec πέτασος « chapeau »; — המינכא *haminéka* ou המניכא *hamnika* « collier » = μανιακής, augmenté d'un ה prosthétique; — סרכין *sarkhin* « magistrats », probablement « membres d'un conseil », de συνάρχοντες; — דהון *dahavan* « un mets », peut-être dérivé de la racine ἔδω « manger »; — enfin נבזבה *nabizbah*, joint deux fois au terme מתנן « des présents », est à expliquer peut-être par νόμισμα « monnaie ».

Outre ces mots de la partie chaldéenne de Daniel (II-VII), on note encore quelques provenances similaires dans la partie hébraïque (I-II et VIII-XII), savoir : פרתמים = πρότιμοι « les nobles », לפידי אש « torches enflammées » ressemble fort à λαμπάς, et מלצר au laconien Μολοσσόρ.

Peu à peu, la déformation dans les équivalences s'accentuera de plus en plus. Or le Talmud contient un grand nombre de mots étrangers qui ont dû subir certaines altérations avant de pénétrer dans le langage des Juifs, puis de recevoir d'eux la forme et l'aspect sémitiques. Dans la plupart de leurs familles, bien avant l'ère du christianisme, la connaissance de la langue grecque faisait partie de la bonne éducation, et c'était un ornement pour les jeunes filles de parler grec [2], quoique le parti des fanatiques de la Judée désapprouvât cette culture des sciences profanes, par crainte de voir s'amoindrir le sentiment du patriotisme [3]. Cependant, même des rabbins de ce temps appréciaient cette langue à sa valeur, puisque le Talmud de Jérusalem dit [4] : « Quatre langues sont parlées en Palestine, et chacune d'elles se distingue par un avantage particu-

(1) Voir Jos. HALÉVY, dans ses *Recherches critiques sur l'origine de la civilisation babylonienne*, invoquées par H. DERENBOURG, *op. cit.*

(2) Talmud de Jérusalem, tr. *Péa*, I, § 1, éd. Krotoschin, fol. 12ª; tr. *Schabbat*, VI, § 1, fol. 7ᵈ; XVI, fol. 15ᶜ. Cf. Joseph SIMON, *L'éducation et l'instruction*, p. 56-59.

(3) RENAN, *Vie de Jésus*, p. 32. Voir aussi BACHER, *Agada der Tanaiten*, t. II, p. 324.

(4) Tr. *Meghilla*, I, § 8 (9); tr. *Sóta*, VII, 2; Esther Rabba, sur I, 22 du livre d'Esther.

lier : le grec לעז, par son rythme poétique[1], le latin par son accent militaire, le syriaque par son ton plaintif, et l'hébreu par sa souplesse oratoire. »

Au dire des mêmes livres rabbiniques[2], cette langue est sans défaut, la plus gracieuse des langues japhétiques. Aussi les hommes cultivés jugeaient qu'il était de bon ton, non seulement de converser en cette langue, mais de l'employer pour rédiger leurs écrits : tels étaient Philon à Alexandrie, Flavius Josèphe, lorsqu'il vint de Galilée à Rome, etc., de même que, dans les livres religieux, les termes techniques étaient exprimés de préférence en grec.

A propos d'un verset de la Bible (*Ps.* CIII, 9), le Talmud de Jérusalem[3] donne une explication exégétique au nom de R. Elazar, pour signaler l'instabilité des volontés royales; il emploie à cet effet les termes suivants :

[4] פרא בסיליוס או נומוס או גריפים

D'après le commentaire קרבן עדה sur ce passage, le premier terme peut avoir le sens de l'hébreu מן « de »; le second signifie : « roi »; le troisième, « législateur », et le dernier « écrivain »; puis il dit : מן אלו נשמע גדולת הק׳בה. Le lexique de Musafia, fondé sur des connaissances linguistiques plus sérieuses, revient, s. v. אגריפס, sur ce texte, et l'explique ainsi : בירושלמי ר"ה פרקא קמא גרסינן פרא בסיליאוס נומוס אגריפס פירוש המלות בלשון יוני אצל המלכים דת לא נכתבת כלומר המלכים עוברים על הדת שהם גזרו.

Au Talmud de Jérusalem (tr. *Rosch Haschana*, chap. I), on lit : *Παρὰ βασιλέως νόμος ἄγριπος*. Le sens de ces mots grecs est : « Auprès des rois, la loi n'est pas écrite, c'est-à-dire les rois transgressent la loi établie par eux. »

La version de Musafia ne donne pas seulement des variantes de texte, mais une divergence notable du sens. Il faut donc, suggère M. Brann[5], lire ainsi le texte talmudique : *πρὸ βασιλέως οὐ νόμος*

[1] Ce qui prouve que לעז signifie bien ici « langue grecque », c'est qu'il y a, en toutes lettres : לשון יוני, dans un passage parallèle du Midrasch, sur *Ps.* XXXI, 7.

[2] Talm. de Babylone, *ibid.*, fol. 18ᵃ.

[3] Tr. *Rosch ha schana*, I, 2, fol. 4ᵃ (trad., t. V, p. 65), rapporté par S. BRANN, *Orient. Literaturblatt*, t. VIII, 1847, n° 21, col. 330.

[4] Ce premier mot, selon d'autres, se réfère au Talmudiste précité, qui serait R. Eleazar Peda ou Pedath.

[5] Dans le Recueil précité.

οὐ γραφή. C'est un proverbe bien approprié aux despotes de ce temps, sans doute alors formulé en langue grecque, et par conséquent invoqué avec à-propos par R. Eleazar, pour justifier son exposé et faire ressortir la supériorité morale du judaïsme sur le paganisme.

Dans un texte relatif aux plantations [1], on lit ceci : « Un pépin de melon mis en terre produit une citrouille, considérée comme plante hétérogène (interdite); c'est ce que l'on nomme en langue grecque *μηλοπέπων* ». D'autre part, Rabbi Juda disait [2] : « A quoi bon apprendre le syriaque en Palestine? Apprenez l'hébreu ou le grec. » — D'après un passage de la Tosefta [3], il y avait à Jérusalem une synagogue à l'usage des Alexandrins, qui sans doute récitaient leurs prières dans leur langue maternelle, savoir en grec. Enfin, Elischa ben Abouya avait toujours un vers grec à la bouche, s'il faut en croire la tradition talmudique [4].

De cet ensemble d'avis favorables, il résulta un tel mouvement philhellène, que les rabbins autorisèrent même la récitation officielle du *Schema* [5], de ce texte capital dans la liturgie juive, en grec, אלוניסתין (= *ἑλληνιστί*). De plus, le Midrasch [6] commente ainsi les termes de la Mischna suivante [7] : « Entre les rouleaux de la Loi et les sections bibliques inscrites dans les *Tefilin* (phylactères), ou dans les *Mezouzôth* (inscriptions aux portes), il y a cette différence que les rouleaux de la loi peuvent être transcrits en n'importe quelle langue, tandis que les *Tefilin* et les *Mezouzoth* devront être exclusivement écrits en caractères carrés. R. Simon b. Gamaliel dit : « pour la Loi, la seule langue étrangère permise est le « grec. » Pourquoi, est-il observé, ce sage le permet-il? C'est que, selon la tradition rabbinique, Bar-Kappara interprète ainsi le verset de la *Genèse* (IX, 27) : « Dieu étendra les possessions de Japhet, et celui-ci demeurera dans les tentes de Sem », en ce sens : les paroles de Sem devront pouvoir être dites dans les diverses langues de Japhet; voilà pourquoi il a été permis d'écrire la Loi dans la langue

(1) Talmud jérus., tr. *Kilaïm*, I, 2.
(2) Talmud babli, tr. *Baba Kamma*, fol. 82^b.
(3) Tr. *Meghila*, chap. III, § 6.
(4) Tr. *Ḥaghiga*, fol. 15^b.
(5) Talmud jér., tr. *Sóta*, chap. VII, § 1.
(6) *Debarim Rabba*, éd. Francfort s. Oder (1711), fol. 248^a.
(7) *Meghila*, I, § 8; B., fol. 9^a.

grecque. Par là, toutefois, on ne saurait affirmer s'il s'agit de la version des Septante, ou d'une autre traduction grecque, soit antérieure, soit postérieure.

Au temps des premières rencontres de l'hellénisme avec l'hébraïsme, se rattache l'*Ecclésiastique*, ou *Livre de la Sagesse*, par Jésus fils de Sira. Cette œuvre a été traduite de l'hébreu en grec, au IIe siècle avant l'ère chrétienne, par le petit-fils de l'auteur luimême. C'est par cette traduction, — quels que soient ses défauts littéraires, — et par la version syriaque de la Peschito, que l'*Ecclésiastique* était connu jusqu'à présent. Lorsque en 1896 des fragments hébreux de ce livre arrivèrent à Cambridge et à Oxford, plus tard aussi à Paris, on s'est demandé si ce sont des copies fidèles de l'original, tel qu'il est sorti des mains de l'auteur (1). Ces doutes étaient fondés sur les étrangetés du style et du langage de ces fragments, si bien que, finalement, il a été admis que ceux-ci sont une retraduction du syriaque et du grec (2).

Il en est de même dans la littérature des Apocryphes. A propos de l'édition du *Testament des douze Patriarches*, par R. H. Charles, le Dr Félix Perles insiste (3) sur ce que les principaux manuscrits grecs de ce texte dérivent de diverses recensions d'un original hébreu (4). De son étude découle le résultat suivant : c'est que la langue de l'original hébreu de ce « Testament » est en contact intime avec le néo-hébreu et l'araméen, reconnaissable à travers la version grecque. En tout cas, ce sont là de larges marques de sympathies pour l'hellénisme.

Les paraphrases bibliques en chaldéen sont non moins formelles, selon l'expression suivante : סגיאה דא היא יון, « le terme גדולה (grande, dans *Gen.*, xv, 12), se réfère à la Grèce », dit le Targoum jérusalémite sur ce verset, par réminiscence de ce que les Rabbins avaient admiré sa langue et faisaient grand cas de sa science (5). — A côté de cette observation, figure à bon droit une autre maxime du Midrasch (6) : « En trois points, le royaume grec

(1) L'*Ecclésiastique*, ou la Sagesse de Jésus fils de Sira; texte édité, traduit et commenté par Israël Lévi (P., 1898), I, introduction, p. XIX.

(2) *Op. cit.*, II, introduction, p. XX.

(3) *Beiheft II zur orientalistischen Literaturzeitung*, 1908, p. 10-18.

(4) Cf. R. Wahrmann, *Byzantin. Zeitschrift*, XVIII, 1909, p. 612.

(5) Talmud B., tr. *Baba Qamma*, fol. 83a.

(6) Rabba sur la *Genèse*, XVI, 4.

l'emporte sur le royaume impie (romain), savoir : en navigation, נויסין [1], en art, פנקטין [2], et en langage, לשון. »

En Palestine toutefois, les Juifs n'ont pas pu, ni voulu, laisser la culture grecque s'implanter parmi les masses, dans la mesure adoptée par leurs frères de l'Égypte, ou de l'Asie Mineure. Ils notent avec appréhension que l'on connaît des œuvres d'Homère [3], ספרי המירום, et qu'un sceptique comme Elischa b. Abouya se délectait aux chants grecs; ils ont soin de formuler la distinction entre la langue grecque et la sagesse grecque [4].

Il est bien vrai qu'à l'usage des hellénistes palestiniens la Bible a été traduite plusieurs fois en grec : d'abord par Akylas, ensuite par Symachos, selon les écrits talmudiques [5], puis par la version alexandrine dite des Septante. Cependant, plus tard, par raison politique et religieuse, les docteurs détournèrent de cette langue les Juifs zélés, pour éviter l'hérésie.

Dans cet état des esprits, le revirement n'a été complet, et il n'est devenu une idée farouche d'opposition, qu'après les horreurs de la conquête romaine sous Hadrien, lorsque le judaïsme helléniste tombe en décadence et que la destruction de la synagogue d'Alexandrie précipite sa ruine [6].

Toutefois, on note avec quelque surprise combien différaient les degrés d'instruction entre divers docteurs, dont les paroles sont rapportées dans les mêmes textes talmudiques : tandis que l'un d'eux avoue ignorer le sens d'un certain mot [7] דיאתימון (= διαθέμα), un autre talmudiste conseille de recourir au système de numération des Grecs, pour reconstituer et deviner en quelque sorte un nombre effacé sur un contrat [8]. Une autre fois, pour désigner la figure géométrique de deux lignes perpendiculaires, le Talmud

(1) Pluriel (chaldaïsé) de ναῦς « navire ».

(2) Πιναχοθήκη « salle d'images ».

(3) Mischna, tr. *Yadaïm*, IV, 6, à rapprocher des paroles de R. Akiba, au Talmud jérus., tr. *Sanhédrin*, X, 1, fol. 28ᵃ (trad., XI, p. 43). Cf. S. Krauss, *Griechische u. latein. Lehnwörter*, I, xiv et suiv.

(4) Voir Jos. Derenbourg, *Histoire de la Palestine*, p. 113.

(5) Versions citées par Freudenthal, *Hellenist. Studien*, II, 128; Krauss, *op. cit.*, p. xvi.

(6) Lire le chapitre « Judéo-hellènes », dans N. Slouschz, *Judéo-Hellènes et Judéo-Berbères*, p. 55-63.

(7) Tal. jér., tr. *Baba bathra*, IX, 8.

(8) Même tr., VII, 3.

dit [1] qu'elle a la forme du Γ, et un R. Ismaël dit même que des armoires du Temple de Jérusalem étaient marquées, non en hébreu, mais en grec, de la façon suivante : A, B, Γ.

Combien est singulière l'explication du mot Καππαδοκία « Cappadoce », telle qu'elle est imaginée par les Rabbins et rapportée par le Talmud B. [2]. Selon eux, la première moitié de ce mot, קפו, signifie : « poutre », et דיק = δέκα « dix »; tandis que, selon le Midrash (*Ekha rabba*, v. רבתי), le terme כפא (écrit avec כ) signifie bien « vingt », et דקייא = δόκοι « poutres ». — Un individu porte le nom de פנטקקה = πέντε κακὰ « l'homme aux cinq péchés » [3]. — Il est à peine besoin d'ajouter qu'au moyen âge les confusions deviennent plus nombreuses. Pourtant, dès lors, les glossateurs opèrent avec plus ou moins de méthode.

PAPYRUS, LÉGENDES.

Il faut tenir un plus grand compte des papyrus grecs concernant les Juifs d'Alexandrie, ou relatifs aux établissements des Juifs depuis le temps des Ptolémées. Dans une longue et savante étude intitulée *Juifs et Grecs devant un empereur romain*, surmontant les difficultés de la lecture, aggravées par « l'incorrection de ce grec égyptien », M. Théodore Reinach [4] a publié, analysé, commenté, puis traduit, un des papyrus grecs du musée du Louvre, coté n° 2376 *bis*, composé de huit colonnes plus ou moins fragmentaires [5].

Grâce à ce travail, on connaît maintenant le véritable contenu de ce document, si intéressant pour l'histoire des Juifs dans cette contrée, sous le dernier des Antonins, l'empereur Commode.

A la suite de querelles locales, les Juifs accusent les autres habitants d'Alexandrie : 1° d'avoir par force traîné devant le magistrat leur « roi de théâtre », peut-être un pseudo-messie, plus probable-

(1) Tr. *Péa*, VI, 4; tr. *Schekalim*, III, 2.

(2) *Berakhoth*, fol. 56^{b}. Cf. MANDELSTAM, dans *Univers isr.*, 1862, p. 613.

(3) Tal. jér., *Taanith*, I, 4 (fol. 64^{b}).

(4) Voir *R. É. J.*, 1892, t. XXVII, p. 70-82; *Textes d'auteurs grecs et latins relatifs au judaïsme*, réunis, traduits et annotés par Théodore REINACH (Paris, 1895, in-8°), Appendice I, p. 218-226.

(5) Sur une tentative d'explication par Wilcken, comp. S. REINACH, *Chroniques d'Orient*, t. II, p. 188.

ment un ethnarque; 2° d'avoir arraché de prison et blessé plusieurs de leurs coreligionnaires; 3° de les avoir tous transplantés dans un nouveau quartier de la ville, à leur détriment. L'issue de ce débat contradictoire entre Grecs et Juifs par-devant la justice impériale n'est pas connue par le texte inachevé de ce papyrus, contenant une sorte de protocole de la séance juridique; mais, d'après le dialogue rapporté, il semble bien que l'empereur s'est rangé du côté des Grecs, et qu'il a confirmé leur avis.

Les relations de voisinage entre Aryens et Sémites ont encore produit d'autres conséquences dans le domaine de l'histoire littéraire. Trop souvent, les historiens grecs ou romains ne craignaient pas d'affubler, de leurs propres caractères et mœurs, les figures bibliques qui leur étaient mal connues : ils ne supposaient pas commettre ainsi un anachronisme. Tandis que, durant de longs siècles, les écrivains ecclésiastiques avaient conservé à la reine de Saba sa personnalité particulière, le chroniqueur Georgios Monachos (842-867) eut l'idée de travestir cette reine en Sibylle. Au commencement du chapitre consacré à ce sujet, le chroniqueur y fait allusion en ces termes : *Καὶ βασίλισσα Σαβά, ἥτις ἐλέγετο Σιβύλλα παρ' Ἑλλήνων*. . . Plus tard, d'autres l'ont suivi sur cette pente de désignations confuses.

Déjà longtemps auparavant, de semblables assimilations s'étaient fait jour. On sait sous quel aspect de « devineresse » la reine entre en scène auprès du roi Salomon, selon le récit biblique (I *Rois*, x, 1) : « La reine de Saba avait entendu dire quelle réputation Salomon s'était acquise; elle vint pour l'éprouver par des énigmes. » Or, brodant sur tout le chapitre qui relate l'entrevue, la paraphrase chaldaïque appelée תרגום שני דאסתר (seconde explication d'Esther) s'exprime ainsi [1] : Salomon, sachant que la reine de Saba venait le voir, envoya au-devant d'elle Benayahou fils de Yehoïada, qui ressemblait à l'étoile du matin. La reine, en le voyant, le prit pour un roi et mit pied à terre; mais l'envoyé la tira de son erreur, et Salomon la reçut dans une maison de verre. En l'apercevant, la reine le crut assis dans l'eau, et releva un peu ses vêtements. Salomon vit que ses pieds étaient couverts de poils [2], et lui dit : « Ta

[1] Selon le résumé qu'en donne S. Cahen, *La Bible*, t. VIII, p. 46.

[2] Il y a là une réminiscence du Talmud Babli (tr. *Eroubin*, fol. 100ᵃ), disant que la caractéristique physique de Lilith est que celle-ci est très poilue. Le paraphraste chaldéen tend donc à insinuer que la reine était démoniaque.

beauté est celle d'une femme, et le poil te fait ressembler à un homme ». — La reine, pour éprouver sa perspicacité, lui proposa trois questions qu'il résolut, et elle le jugea le plus sage des rois.

Ainsi a pu naître une première confusion entre la femme qui pose des énigmes et celle qui énonce des oracles; d'où l'idée du rôle de Sibylle, attribué à ladite reine. Cette attribution, dit S. Krauss[1], ne provient pas de la façon dont la reine de Saba est qualifiée dans la Bible, mais de la connexité un peu homonyme entre les noms Sabba (Σάββη) et celui de Sibylle, selon la remarque de Pausanias (X, 12, 9). C'est Suidas, dit le même linguiste, qui justifie le rapprochement entre la Bible et le système païen : la reine devenue sibylle chaldéenne, ou juive, serait une descendante de Noé[2], et d'autre part le fils de Noé nommé סבא ou שבא[3], est appelé dans les Septante : Σαβά. Or, d'après la table ethnographique de la *Genèse* (x), c'est un fils de Kousch, c'est-à-dire un Éthiopien; de là provient la conséquence que la reine du même nom est une Éthiopienne. C'est ce qui fait qu'aujourd'hui encore le Négus d'Abyssinie prétend avoir pour ascendant le sage roi d'Israël[4] et porte « l'écu de Salomon », comme armoirie.

De son côté, Josèphe Flavius, dans un très long chapitre de ses *Antiquités* sur le roi Salomon, reproduit avec des développements le récit de la Bible, au sujet de l'entrevue de ce roi avec la reine de Saba, en ajoutant toutefois un seul détail nouveau : c'est qu'il donne le nom de la reine (nom omis par la Bible), celui de Νικαύλη, et, de plus, il la qualifie de « reine d'Éthiopie *et* d'Égypte[5] ». Cet historien a donc constaté l'idée d'un rapprochement de territoires, idée qui a dû avoir cours de son temps.

D'après les recherches topographiques qui remontent déjà à près d'un siècle, סבא serait le nom ancien de Meroë, tandis que שבא, malgré son homonymie avec le mot précédent, ne serait pas un synonyme, mais désignerait la Sabée de l'Arabie méridionale. Le souvenir de la visite de la reine de Saba auprès de Salomon, dit en

(1) « Die Königin v. Saba in den byzantinischen Chroniken » : *Byzantin. Zeitschrift*, t. XI, 1902, p. 120-131.

(2) Voir Michael Syrus, dans WIRTH, *Aus oriental. Chroniken*, p. 67.

(3) *Genèse*, x, 7, et I *Chron.*, I, 9.

(4) Le premier roi abyssin est Ibna Lahakem.

(5) Livre VIII, chap. II, § 139; édition de la traduction J.-A.-C. Buchon (Paris, 1836), p. 208*.

effet Rosemnüller [1], s'est conservé aussi chez les Arabes, qui nomment cette reine *Balkis*. Ils supposent qu'elle est devenue la femme de Salomon, et c'est de là que l'idée d'une telle union a passé en Éthiopie. En fait, l'expression שבא וסבא des *Psaumes* (LXXII, 10) est traduite par les Septante : Ἄραβες καὶ Σαβά. שבא équivaudrait donc à Arabie.

Ces divergences d'explication des noms ne sont pas exclusives aux personnes. D'importantes remarques sur la sémantique des mots du Talmud empruntés au grec ont été formulées par S. Krauss [2], qui examina de près le sens de termes militaires dans les textes rabbiniques les plus anciens. Ainsi, dans la Tossefta du tr. *Soucca* [3], on lit ceci : « Miriam fille de Bilga renonça à la religion de ses pères pour épouser un soldat des rois grecs » (נהלכה ונישאת לסרדיוט א' מסלכי יון). Le mot סרדיוט = στρατιώτης « guerrier, soldat », désigne ici, non un simple soldat, mais un officier supérieur, puisque ce terme est suivi des mots « des rois de la Grèce », c'est-à-dire d'un prince grec. Du reste, on admettra difficilement que Miriam, la fille distinguée d'un prêtre, ait accordé sa main à un simple soldat, pour l'amour de qui elle avait même abjuré sa foi. En outre, dans ses *Variae lectiones* sur le même traité, Raph. Rabbinowicz note la variante הפרכי יונים « des éparques (ἔπαρχοι) grecs ». D'après cela, ledit passage ne peut signifier que : « un soldat parmi les éparques grecs », et le « soldat » devait lui-même être un éparque.

Un autre texte [4] conduit au même résultat. Il y est dit qu'un prêtre infidèle avait revêtu un איסטרטיוט = στρατιώτης « soldat », des précieux vêtements d'office du grand prêtre. Ce soldat, en mettant l'habit pontifical, avait eu pour tout plaisir la faculté de se vanter qu'il s'était pavané dans le riche costume du grand prêtre juif; pour satisfaire cette vanité d'un moment, il paya huit ou douze pièces d'or. Donc, ce « guerrier » ne pouvait pas avoir été un simple soldat, mais un officier supérieur.

De même, dans le Midrash sur *Cantique*, III, 6, se trouve un passage rédigé en araméen et riche par conséquent en archaïsmes, où

(1) *Archeologia*, part. III, p. 174.

(2) *R. É. J.*, t. XXXIX, 1899, p. 53-61.

(3) Chap. IV, § 28 (édit. Zuckermann, p. 200); cf. Talmud Jérus., même tr., V, § 8, fol. 55d; Babli, *ibid.*, fol. 56b.

(4) Talmud jér., tr. *Schekalim*, V, § 2, fol. 49a.

le guerrier s'appelle איסטראטינא = σἸρατηγός, *praefectus* « général »; ce qui met hors de doute le sens d'« officier » pour איסטרטיוט.

Cette substitution de σἸρατιώτης au sens de σἸρατηγός se retrouve dans le Midrasch *Rabba* sur la *Genèse* (section LXXXII, n° 8), ainsi que dans le même Midrasch sur *Nombres* (xv, 17), et dans le récit de l'attribution du fils et de la fille de R. Ismaël ben Elischa, qui échurent à deux seigneurs romains comme esclaves[1].

Même observation pour le sens du mot לגיון = λεγεών « légion ». Le Talmud B. (tr. *Berakhot*, fol. 32[b]) compare le ciel étoilé à la belle organisation de l'armée romaine, dont les divisions sont rangées dans cet ordre : 1° לגיון, 2° רהטון, 3° קרטון, 4° גסטרא. Mais le vrai texte est conservé dans une poésie liturgique[2], selon l'ordre suivant : armée, légion, cohorte, manipules. Or, dans une parabole du Midrasch Tanḥouma[3], notre terme ne peut indiquer qu'un soldat. Voici la phrase : « Il est d'usage qu'un לגיון rebelle au roi soit puni de mort. » Bien entendu, il ne peut pas être question ici d'une légion entière; mais il s'agit d'un individu, d'un « légionnaire ». — Il faut établir la même distinction pour le terme אוכלוס = ὄχλος, autre mot collectif qui est devenu aussi un mot singulier dans cette phrase[4] : « Ils (les Cananéens) étaient nombreux dans leur ὄχλος. » Ce n'est pas le collectif « foule » qui pouvait être « nombreux », mais les particuliers formant ensemble la collectivité. Il en est encore de même pour le collectif אכסנויא = ξενία « mercenaires », qui dans ce langage signifie : *un* soldat.

4. Rabbinisme. Moyen âge.

Si de telles constatations ont été notées pour les contemporains du monde romain, combien ces changements ont dû s'aggraver pour des oreilles déshabituées d'un tel langage ! Peu à peu, par suite de pérégrinations forcées, le sens des mots étrangers échappa aux hébraïsants. C'est un fait qui devient sensible chez les commentateurs du moyen âge, même chez le Français Raschi et chez l'Espagnol Maïmonide.

(1) Talmud B., tr. *Guittin*, fol. 58[a]; Midrasch Rabba sur *Lamentations*, I, 16.

(2) Dans le יוצר de Sabbat *Naḥamou* (rite allemand).

(3) Section *Balak*, n° 12, éd. Buber, p. 18. Cf. *ibid.*, *Wayescheb*, n° 3.

(4) Sifré sur *Deutéronom.*, § 25; Tossefta *Pesaḥim*, IV, 3.

Raschi était pourtant un philologue; mais il faut lui pardonner, vu les circonstances de lieu et de temps, de n'avoir pas eu de notion du grec(1). Aussi, fait-il dériver, par exemple, קוריין (plur. de קורא = *καυλός* « tige ») du mot hébreu מקור « source » (B., tr. *Baba Kamma*, fol. 92ª). Une autre fois, Raschi considère comme persan le mot *ξιφίας*, mal transcrit d'abord en אכספטיאם, puis mieux en אכספיאם(2).

On remarque avec plus d'étonnement que le philosophe de Cordoue et médecin de Saladin ignorait le grec. Dans le commentaire de Maïmonide sur la Mischna, le mot *πολεμός* de la Mischnâ (tr. *Sota*, IX, 15) a pour équivalent arabe le mot תאריך (تاريخ), « chronologie », sens auquel le commentateur a été entraîné par le contexte.

Haï Gaon, dans son commentaire sur une autre Mischna (tr. *Oholoth*, XVII, 3), et après lui le *'Aroukh* (Lexique) expliquent le mot מלטימיא (qui dérive de *λατομεῖον* « carrière ») comme un mot composé : מלי טמיא « plein d'os ». Il est à peine besoin d'ajouter que c'est un contresens. Quand au מ préformatif de ce mot, c'est un préfixe servile, comme dans les mots משרה ou מצבירה, selon la remarque de Jac. Levy (*Targum-Wörterbuch*, s. v.).

A titre de simple curiosité, rappelons l'explication du mot מרקולים (Mercurius), telle que la donne le commentaire rabbinique sur le Talmud de Jérusalem(3); il décompose ce mot en deux termes chaldéens מר קולים « maître (objet) de la louange », dans le sens d'« idole »; ou bien en prenant le mot קילום « louange » dans un sens ironique, une sorte d'euphémisme, on le qualifie de « honte ».

Plus tard, on se rendit mieux compte des mots non sémitiques; mais que de confusions encore! Ainsi, le commentaire nommé *Pné-Mosché* explique un autre passage(4), où il est dit : נתפש לבולי « il a été pris au service de l'*autorité* », *βουλή*. Le commentateur ajoute ces mots : « Ce terme a le sens de supériorité; c'est un mot grec qui entre dans la composition du nom de Constantinople, la capitale de Constantin, et l'on indique ainsi que cet homme a été pris au service du souverain. » C'est que l'auteur du commentaire

(1) Sur cette lacune que Maïmonide partage avec Raschi, voir Zunz, *Zeitschrift für die Wissenschaft des Judenthums*, t. I (Berlin, 1823), p. 286-288.

(2) Talmud B., tr. *Abôda Zara*, fol. 39ª; tr. *Hullin*, fol. 66ᵇ.

(3) Tr. *Sanhédrin*, chap. VI, § 1 (fol. 22ᵈ).

(4) Talmud Jérus., *Baba Bathra*, chap. IX, § 4.

Pné-Mosché a confondu βουλή avec πόλις, tout en attribuant par tradition le sens exact au premier de ces termes.

Analysant l'édition du אגודת בראשית par Buber, H. P. Chajes note qu'il y a des termes grecs dans ce texte [1] : Entre autres côtés intéressants, dit-il, ce Midrasch est curieux par la langue. Il contient des termes grecs inconnus des autres Midraschim, et ces termes sont employés pour des mots hébreux d'usage journalier. Cette circonstance indique que le compilateur demeurait dans l'empire byzantin, où le grec s'était implanté plus solidement qu'ailleurs. Ainsi, au chapitre xi, § 52 (p. 26), on lit ces mots הלפים שלך « ton ἐλπίς », et de même, chap. v, § 1, אקמי correspond peut-être à ἀκμή « fleur de lin », selon Lattes dans ses *Saggi* (*s. v.*).

En conséquence, après s'être heurté maintes fois à des termes qui n'ont rien de classique, des vues d'ensemble sont nées, puis elles ont servi de fil conducteur. Dans son travail *Zur griechischen u. latein. Lexicographie aus jüdischen Quellen* [2], M. Samuel Krauss a classé les mots grecs qui ne sont pas consignés dans les lexiques, tirés d'anciens écrits juifs [3]. Il a présenté ainsi soixante-quatre mots nouveaux, formant cinq groupes : 1° noms grecs (et latins) méconnus, c'est-à-dire noms qui manquent dans les lexiques, bien qu'on les trouve dans la littérature classique; 2° noms qui, en hébreu, ont une forme différente de celles qu'ils ont dans les lexiques et pour lesquels il faut démontrer que la forme nouvelle a pu très bien exister à côté de la forme connue; 3° nouveaux noms composés; 4° noms qui, en hébreu, ont reçu un sens tellement différent du sens usuel, qu'ils paraissent devoir être pris pour des mots nouveaux; 5° noms nouveaux au sens propre, qui ne se trouvent pas dans les lexiques.

Les étymologies que ces docteurs tentent d'établir font sourire. On trouve mentionné le nom de Carthage dans un récit légendaire, rédigé en chaldéen, sur la venue d'Alexandre le Grand en Afrique, récit rapporté par le Midrasch *Tanhouma* [4], en ces termes : « Le roi se rendit devant la ville nommée Carthage, pour l'assiéger.

(1) *Revue des études juives*, XLVII, 54. Cf. l'article de J. Fürst, « Quelques mots du Midrasch empruntés au grec », même *Revue*, XXIII, 129-131.

(2) *Byzantinische Zeitschrift*, t. II (1893), n°s 3 et 4.

(3) Voir l'analyse critique par L. Blau, *R. É. J.*, XXVII, 294-301.

(4) Lévitique, n° 98, au paragraphe 9 de la section *Emor* (édition S. Buber, t. III, p. 88, avec notes 83 à 87).

Toutes les femmes allèrent à la rencontre du roi, et lui dirent : « Si « tu nous livres bataille et que tu sois le vainqueur, le monde s'éton- « nera de ce que tu aies ruiné la ville des femmes; si au contraire « nous avons la victoire, il sera dit que des femmes t'ont vaincu, et « tu ne pourras plus te tenir devant nul souverain. » Après quoi, Alexandre inscrivit sur les portes de la ville, *πόλεως*, qu'il a reçu des femmes un bon conseil, puis il passa outre. »

En marge de ce passage midraschique, une note d'une vieille édition explique ainsi l'étymologie du nom de Carthage : il semble que le mot קרטיננא (1) du texte doive être corrigé en קרטגיינא. Or c'était une « ville de femmes », ainsi dénommée; puisque קרתא est un mot chaldéen qui signifie « ville », et גיינא est le mot grec *γυνή* « femme », conformément à l'explication de l'*Aroukh* (lexique) au mot אנטרופי, *ἄνθρωπος*.

ANGÉLOLOGIE, LEXIQUES.

On le voit aussi dans les procédés dus à la Kabbale. Pour ne pas énoncer littéralement, strictement, brutalement, les noms ineffables de la divinité invoquée, les Kabbalistes eurent recours à des congénères; ceux-ci sont adéquats avec les premiers noms quant au fond, mais non par la forme. Alors, à côté des noms hébreux d'anges, corrects et conservés sans altération, naquirent des équivalences. On eut vite fait de constituer à cet effet des mots étrangers, dérivés du grec et du latin. Un adage du Talmud (2) avait dit que les anges ne comprennent pas l'araméen. Mais, au moyen âge, il y eut un véritable engouement de la part des mystiques, pour les mots inusités (3), que le vulgaire et même beaucoup de savants ne comprenaient plus. Selon le récit d'un Midrasch (4), l'ange Daniel, portier de l'Enfer, adresse aux survenants ces paroles :

ארסטאן ומירא ארסטאן וכנפינן צמנש ערנה.

Il y a peut-être lieu de les transcrire en ces termes :

Ἀρίστην ἡμέρα[ν] ἀρίστην κανάβινον σεμνὸ[ν] εἰρήνη.

(1) La syllabe finale comporte des variantes, selon les diverses éditions.

(2) Talm. B., tr. *Sóta*, fol. 33; *Zohar*, t. I, fol. 9^b et 75^b; trad. Lafuma-Giraud, I, 52, 456.

(3) Cf. Origène, *Contra Celsum*, I, 25; V, 45.

(4) *Hekhaloth rabbati*, chap. xix, édit. Ad. Jellinek, dans *Bet Hamidrasch*, t. III, p. 98.

Cette lecture est douteuse, c'est entendu; mais si elle n'est pas trop aventurée, sous la réserve des fautes de transcription par des copistes ignorants, on peut ainsi traduire ce salut populaire (en sous-entendant *κατὰ*) : « En ce bon jour, à ce squelette vénérable, paix! »

Un autre exemple, ayant pour objet un mot isolé, est plus péremptoire. On sait que, selon la légende, le supérieur de tous les anges occupe sa place à côté du trône céleste, *μετὰ θρονοῦ*; de là vient le nom מטטרון *metatron*, devenu synonyme d'archange. Mais lorsque le sens de la préposition grecque *μετὰ* ne fut plus connu, les mystiques adeptes de la Kabbale en firent un équivalent de l'attribut « divin », ou un qualificatif de Dieu; puis, coupant mal ce mot composé, ils accolèrent les deux premières syllabes מטט *metat*, à d'autres lettres, de façon à constituer des termes inintelligibles de plein gré.

Cette méthode défectueuse a été, bon gré mal gré, appliquée à des milliers de dénominations du même système, dont une longue liste se trouve dans le *Vocabulaire d'angélologie*[1]. A titre de spécimen, voici au hasard quelques-uns de ces noms. Tantôt ils sont simples, par exemple : אורנס = Οὐρανός, tandis que le papyrus Mimaut du Musée du Louvre, n° 2391, l. 92, a la forme plus explicite *οὐρανοπρόσωπος*. Dans טארס = θώραξ, à défaut d'une lettre équivalente au ξ, ce signe complexe est rendu par un ס. — Tantôt l'on n'a pas craint d'atteler ensemble un mot sémite avec un mot grec : אטרניאל = *τύραννος El*, ou אבכרן = *Ab* Χρονοῦ. — Tantôt l'assemblage est semi-latin : אגרומינוס = *Agro* Μίνως; tantôt le terme est populairement élidé, contracté : אדריגון = Δόρυγον, augmenté d'un א prosthétique, pour δορυφορικόν; tantôt la lecture est amplifiée, comme écrasée : אטריגיאש = *τράγος*, le bouc étant le symbole de Satan. Voilà un curieux indice de forme populaire, introduite dans la langue mystique.

Pour le bas moyen âge, on trouve soit des textes en néo-grec, soit des mots isolés (bien entendu en caractères carrés), à la bibliothèque bodléienne d'Oxford, dans les manuscrits hébreux suivants : n° 151, écrit en 1291; n° 568, écrit dès 1184; n° 1144, écrit bien avant 1263. Ce dernier contient la version grecque d'un livre biblique, munie de la vocalisation des points-voyelles; ce qui aide considérablement à bien fixer la prononciation des mots. Les deux

(1) *Mémoires présentés par divers savants à l'Académie des Inscriptions et Belles-Lettres*, 1re partie, t. X, 2e partie, (P., Impr. nat., 1897, in-4°), p. 147-430.

autres manuscrits sont des commentaires hébreux qui contiennent des mots grecs isolés [1].

En outre, tout récemment, M. Albert Harkavy a découvert dans la bibliothèque impériale de Saint-Pétersbourg (sous le n° 626) deux feuillets manuscrits d'un glossaire gréco-hébreu, comprenant chacun deux colonnes, l'une hébraïque, l'autre grecque. M. Phedon Koukoules fait ressortir, à juste titre [2], le haut intérêt de ces deux feuillets pour la linguistique hellénique au moyen âge. Ce n'est pas un dictionnaire par ordre alphabétique, mais une succession de mots avec traduction littérale en regard, tels qu'ils se suivent dans le texte biblique et sans être ramenés à leurs racines. Ce sont, hélas! de bien maigres fragments, comparativement à l'œuvre conçue sur le même plan pour le roman (vieux français), dans le ms. 302 de la Bibliothèque nationale à Paris [3].

Pourtant, dès le XIe siècle, Nathan ben Yehiel à Rome composa le *'Aroukh*, dictionnaire hébreu-rabbinique, avec explications des mots grecs et latins, plus ou moins naïvement transcrits en caractères carrés. Cette dernière partie spéciale a été, comme on sait, traitée un peu plus à fond, au milieu du XVIIe siècle, par Benjamin Mussafia, sous le titre de *Moussaf ha-'Aroukh* « Supplément au dictionnaire », ayant pour digne émule dans cette voie son contemporain Jean Buxtorf. Puis vient David de Lara, auteur de l'œuvre suivante : « *'Ir David*, sive de convenientia vocabulorum rabbinicorum cum græcis et quibusdam aliis linguis europæis » (Amstel., 1648, in-4°). Plus tard, en 1668, ce lexique a été développé en un volume in-folio; il s'arrête malheureusement au י.

Après environ deux siècles, ces études reprennent leur essor. Les œuvres qui leur sont consacrées sont, par ordre chronologique, celles de Simon et Mard. Bondi, *Or Esther* (Dessau, 1812); de Leop. Zunz (Berlin, 1818); de J. Mose Landau (Prag, 1819-1840); d'Ant. Th. Hartmann (Rostock, 1825-1826); d'Isaïe Berlin, publiées par Rafael Seeb Ginsburg (Breslau, 1830); de S. L. Rappoport, *Erekh Milin* (Prag, 1852, in-4°, t. I, א, seul paru);

(1) Cf. *Mélanges Julien Havet* (P., 1895), p. 323; *Kohut Memorial*, p. 530-539.

(2) *Byzantinische Zeitschrift*, t. XIX, 1910, p. 422-429, avec 2 planches de fac-similia.

(3) *Glossaire hébreu-français du XIIIe siècle*, publié par Mayer LAMBERT et Louis BRANDIN (P., 1908, in-4°).

de Menaḥem de Lonzano édité par Ad. Jellinek (Leipzig, 1853); les quatre volumes de Jacob Levy, *Neuhebräisches Wörterbuch* (Leipzig, 1882-1889), complétés par Fleischer; l'*Aruch Completum* d'Alex. Kohut (Vienne, 1875-1892, 9 vol. gr. in-8°); les publications modestement intitulées *Saggi* de Mose Lattes (Torino, 1879; Roma, 1880; Torino, 1884); celles de J. Fürst (Strasbourg, 1890); de Morris Jastrow (New-York, 1886-1892); finalement les *Griechische und latein. Lehnwörter...* par Sam. Krauss (Leipzig, 1898, 2 vol. in-8°).

Grâce a tous ces travaux, les mots grecs des livres rabbiniques ont pu être déterminés, lus et expliqués avec une précision digne de la science moderne, lorsque toutefois les copistes successifs de ces livres n'ont pas estropié les termes, au point de les rendre méconnaissables.

D'ailleurs, au XVIe siècle déjà, l'affection pour les études judéo-grecques était manifeste, puisque dans ce même siècle les œuvres de Flavius Josèphe ont été traduites plusieurs fois du grec en français[1], et l'on trouve dès lors jusqu'à un rapprochement typographique entre l'hébreu et le grec. Ce n'est pas une simple coïncidence à laquelle un de nos premiers hellénistes n'a pas dédaigné de consacrer quelques pages, il y a de longues années, au début de sa carrière. Après avoir donné une première fois[2], dans les *Mémoires de la Société de l'histoire de Paris* (t. XIV), un « Spécimen des caractères hébreux gravés à Venise et à Paris par Guillaume Le Bé » (Paris, 1887, in-8°), M. H. Omont revient sur ce sujet, dans le tome XV des *Mémoires*, en publiant de nouveaux « Spécimens de caractères hébreux, grecs, etc., gravés de 1545 à 1592 » (P., 1888, in-8°).

5. Morphologie.

Sous quelle forme les mots grecs ont-ils passé en hébreu? N'ont-ils subi aucune modification durant cette migration, et ces altéra-

(1) Th. Reinach, *Œuvres complètes de Fl. Josèphe*, traduites en français, t. I, avant-propos, p. v, note.

(2) D'après un recueil factice de la Bibliothèque nationale, qui a pour titre : « Spécimens et épreuves de caractères hébreux à la Bibliothèque nationale » (Réserve, invent. X, 1665). Comp. *R. É. J.*, t. XVI, p. 308; t. XVII, p. 311. Le premier cahier comprend 21 numéros de texte.

tions à peu près inévitables n'ont-elles pas obéi à certaines lois? Il n'a pas manqué d'essais pour les classer méthodiquement.

On sait comment les lettres grecques, prises isolément, ont été transcrites. Déjà, le Talmud lui-même parle de l'alphabet grec dans son ensemble, אלפביתי [1], et il emploie les appellations grecques des lettres, soit pour représenter des figures, telles que le demi-cercle C par le mot סגמום = σίγμα, l'angle droit par Γ, גם = γάμμα [2], soit pour des signes : ביטא = βῆτα, נץ = ξῖ, soit pour former des nombres : זיטא = ζῆτα, איטא = ἦτα, כפא = κάππα, sans souci de l'origine phénicienne des éléments de l'écriture phonétique [3].

En principe, chaque consonne a son équivalente régulière : β = ב. Mais l'adoucissement de la labiale *b* en *v* se voit nettement formulé, il y a vingt siècles, dans le mot אוורוס pour ἀβρός, et même grasseyé dans אוליירין pour ὀλόβηρα. Au premier exemple donc, β = ו (redoublé, pour éviter la confusion avec ו ou ו); au second exemple, β = יי. Parfois, β = פ : βάλσαμον = אפירסמון.

Le γ = ג disparaît entre deux voyelles : ἐλεγεία = אילייא. γ suivi d'un autre γ, ou d'un κ, ou d'un χ, ou de ξ = נ : γιγγίδιον = גנגידין; ἀνάγκη = אננקי; κόγχη = קונכי; σάλπιγξ = סלפינגס; γ = aussi כ : γαρίσμη = כרזימין; enfin γ = ק : αὐγή = אוקיי.

ζ = ז, parfois ס : ζιβύνη = סובין ou סופין, et même צ : ζοφερός = צפאריי.

ϑ = ת et ט, seconde transcription plus étymologique que la première, et parfois = ד, par mutation de lettres dans la même classe : παράθυρος = פראדורן.

κ = כ dur, ou ק : δράκων = דרקון. Parfois κ = ג : καταφράκτης = (au pluriel) אנטרנטייא. Il arrive que, pour le même mot, le κ est exprimé tantôt par כ, tantôt par ק : κολλάριον = כוכלייר et קולר; κόσ7ος = כושת et קשות, ou par ק et par ג : πραγματεία = פרקמטיא et פרגמטיא.

(1) Jer., tr. *Haghiga*, II, 1. Midrasch Rabba sur *Ecclésiaste*, x, 14, et vii, 8; sur *Ruth*, iii, 13.

(2) On l'a vu ci-dessus, p. 18.

(3) Pour les noms hébreux des lettres de l'alphabet grec, voir un récent travail, qui résume tous les précédents : Psichari, *Revue des études juives*, t. LXIV, p. 1-29.

ν = נ; mais il se change en מ, après le π (פ) : Ἰσπανία = איספמא, comme en néo-latin.

ξ = כס, ou קס, ou נס, ou נצ : δίξυσ7ος = דוכסוסטוס; πίναξ = פינקס; ἐξιτήριον = אניסטריון; ξῖ = נץ. Parfois, un mot est transcrit de deux façons : ξηρός = קיסרי et אכסרה. Il arrive aussi d'intervertir les lettres, en סכ et סק : ξύλα = אסכלא; κόλλιξ = גלוסקין. ξ = aussi כ seul : ὄνυξ = אונכא, ou ז : κήρυξ = כרוז, ou נ : θώραξ = טארנא, ou ס : θράξ = תרס, ou צ : ἀξίνη = חצינא.

π = פ dur (non aspiré), et se change parfois en ב : πάρδαλις = ברדלס, puis par analogie en וו : ἐπικάρσιον = אווקרסין, corrompu en אוורקסין.

ρ = ר, et par mutation des liquides *l* et *r*, ρ = ל : ἐσχάρα = אסכלה.

ρ = aussi בר ou ור : ῥάμνος = אברנוס, אורנוס, et ρ = הר : ῥοδοδάφνη = הרדפני; tantôt le ה qui répond à l'esprit rude suit le ρ : ῥοῦτ7α = רהטון; tantôt il le précède comme dans הרדפני.

σ = ס, ou ז, ou ש, ou צ : βαλλισμός = בלוזמא; χάρας = קרש; ἀσ7ρολόγος = אצטרולוגי.

τ = ט ou ת, comme θ, et par mutation devient ד : ἔσχατος = איזגדין.

φ = פ aspiré (doux), et parfois ב et וו : γλυφίς = גלבא; ἔφεσος = אווסוס.

χ = כ aspiré, et parfois נ ou ק : ἀμηχανία = אמגינא; βουριχάλιον = אברוקלון.

ψ = פס ou פצ : κάψα = קפציות (au pluriel), ou פז : ψαλμός = פזמא[1]. Dans la transcription de κλεψύδρα en חלף סדרה, le copiste l'a formulée en deux mots séparés, ce qui donne lieu, par un jeu de mots, à cette double traduction[2] : « la clepsydre écoulée, l'allocution est terminée ». — On voit, par ces exemples, combien il serait téméraire de déduire de là des lois morphologiques bien déterminées.

S'il en est ainsi pour la transcription des consonnes, combien estelle plus compliquée à l'égard des voyelles. Celles-ci sont en géné-

(1) De là, les poètes liturgiques ont forgé le mot פזמון « hymne ». Cf. ci-après, chap. III, § 2.

(2) *Bereschith rabba*, chap. XLIX, fin.

rail fort maltraitées, et ce n'est pas étonnant, puisqu'il s'est agi de transmettre ces nuances d'énonciation dans une langue d'un génie tout différent, transmission souvent capricieuse dans la même langue. A ce sujet, le Talmud de Jérusalem exprime déjà ses doléances [1] : « Les habitants de Kaïfa ne peuvent pas officier; car ils énoncent le ה comme le ח, et le ע comme le א. »

Plus tard, une préoccupation analogue a fait admettre les cinq voyelles grecques ΑΕΗΟΥ pour la vocalisation de la lecture hébraïque, sous une forme encore plus réduite que celle adoptée par les Syriens, puis par les Arabes [2].

Une remarque du même genre est suggérée par cette phrase de la Mischna [3] : on est tenu d'employer la manière de parler du maître. Hillel disait הין, tel que ce mot se trouve dans la Bible [4]; parce que ses maîtres, Schemaya et Abtalion, s'étaient exprimés ainsi, bien que d'ordinaire les rabbins énonçaient ce terme de mesure par les mots י״ב לוג (12 *log* = 1 *Hin*).

Dans son *Commentaire* sur ce texte, Maïmonide précise bien le sens, comme suit : son père savait par tradition que Hillel disait אין au lieu de הין, pour avoir entendu énoncer ainsi ce mot par ses maîtres, qui, nés païens et devenus plus tard prosélytes, ne savaient pas prononcer le ה. Enfin un passage du Talmud B. [5] met en doute s'il faut écrire גראינין ou גרעינין (grains), avec א ou ע, au même titre qu'un Midrasch [6] note la gravité d'une confusion possible entre le ר et le ד des mots אחר et אחד dans les versets de l'*Exode*, XXXIV, 4, et du *Deutéronome*, V, 4. — Il est donc, pour ainsi dire, heureux que le plus souvent les voyelles soient éliminées, lorsqu'on n'était pas encore tombé dans le défaut moderne d'une profusion des *matres lectionis*.

Il serait fastidieux d'entrer dans les détails d'équivalence pour rendre les diphtongues, l'esprit doux ʼ et l'esprit rude ʽ, l'accentuation, sans compter les résultats de l'aphérèse, de l'apocope, de

(1) Talm. Jér. tr. *Berakhôth*, chap. II, § 4, fol. 4[d] (trad. fr., I, p. 40).

(2) Voir David SLIWA, *Les accents-voyelles et leur origine dans l'écriture arabe*, dans *Revue catholique orientale*, XI, 1908, n° 8. Cf. *Journal asiat.*, 1913, t. II, p. 143-156.

(3) Tr. *Edouyôth*, I, § 3.

(4) *Nombres*, XV, 6.

(5) Tr. *Schabbat*, fol. 77[b].

(6) *Wayiqra rabba*, § 19 (fol. 162[a]).

la métathèse, de la prosthèse, de la paragoge, des élisions [1]. Toutes ces modifications des acceptions classiques ne doivent pas être le résultat unique d'une négligence de langue; elles ont pu être provoquées par ce besoin d'allitération qui a fait naître jusqu'à des jeux de mots, ou des « à peu près », semi-hébreux et semi-grecs, ce qu'aujourd'hui on nommerait des *concetti*, que l'auditoire sans doute comprenait. De telles réminiscences ont dû guider les grammairiens juifs du moyen âge dans leurs procédés, plus fantaisistes que philologiques, pour expliquer les termes étrangers. Ibn Koreisch admet aussi des éléments de langue indo-germanique dans le cadre de ses comparaisons [2], comme avant lui Saadia compare l'expression biblique לגאי יונים « orgueilleux » (*Ps.* CXXIII, 4) au latin *legio;* or — détail caractéristique — il donne au mot לגיון comme étymologie la langue de la Mischnâ [3], sans souci de son origine latine. C'est ainsi que ces explications ont été transmises jusqu'à nos jours.

L'IMAGE כמין כי.

Pour clore cette série, voici un exemple topique du désarroi dans lequel se sont fourvoyés interprètes et commentateurs d'une expression talmudique, fondée sur une lettre grecque, lorsqu'ils expliquent l'image כמין כי [4]. Ainsi, le Talmud Babli contient le passage suivant [5] : « On procède à l'onction des rois en leur versant l'huile sur la tête sous forme de couronne, et aux grands prêtres sous forme de כי. Que faut-il entendre par là? C'est, répond R. Menasia ben Gada, une forme semblable au כף (*κάππα*) grec, c'est-à-dire on versait sur la tête d'Aron l'huile, qui, coulant d'un côté et de l'autre, s'épanchait sur la barbe comme deux gouttes perlées. »

Au sujet de ce procédé, des avis divers sont émis par les talmudistes; mais la divergence ne porte que sur le point de savoir si

(1) Un tableau des remarques de cet ordre est fait dans mon article « Mots grecs dans les livres rabbiniques » : *Semitic Studies* (Berlin, 1897), p. 518-532 du *Memorial Kohut.*

(2) V. Ewald, *Beiträge*, I, p. 69; II, p. 322.

(3) Tr. *Kélim*, XXIX, 6. Cf. Ig. Goldziher, *Stud. über Tanhum*, p. 18.

(4) Communication faite à ce sujet au Conseil de la Société des études juives, séance du 30 octobre 1912.

(5) Tr. *Horaïôt*, fol. 12ᵃ; tr. *Keritôt*, fol. 5ᵇ; tr. *Menahoth*, fol. 75ᵃ. Les mots כמין כי manquent au manuscrit de Munich.

l'on humecte d'abord le front, ou d'abord les sourcils, non sur le mode de jonction entre le front et les sourcils, procédé sans doute déterminé par la figure en question ici. Nous allons voir ce que les savants, anciens et modernes, ont dit tour à tour à cet égard.

Le passage talmudique précité est reproduit par le dictionnaire rabbinique de Nathan ben Yeḥiel, qui illustre son explication par une figure (omise dans les éditions ordinaires et dans l'*Abrégé*, ס'ערוך הקצר). L'*Aruch completum* d'Alex. Kohut reproduit, d'après le ms. 60 de la Bibliothèque impériale de Vienne, une figure donnée à ce mot כי, figure qui ne ressemble pas à un caractère alphabétique, mais à une fleur de lis, ou au trèfle à trois feuilles, dont la tige est couchée horizontalement :  . Tout au plus, remarquait M. Théodore Reinach, pourrait-on y voir une réminiscence de la lettre Ψ.

D'autre part, les commentaires de Raschi sur les trois passages où le Talmud emploie ladite forme כי diffèrent entre eux. Première explication : « On commençait par enduire d'huile les sourcils avec le doigt, que l'on passait sur la tête jusqu'à la nuque, en suivant une ligne ayant la forme du כף grec (K), ainsi faite : ». C'est une sorte de ט hébreu, à l'envers. — On est étonné de ce que, dans ses דקדוקי סופרים ou *Variae lectiones*, Raphaël Rabbinowicz constate l'absence de la figure dans Raschi sur ce passage.

Seconde explication : « Le כי est une lettre grecque ainsi faite : Ω. On versait l'huile sur la tête, ensuite entre les sourcils, puis on rejoignait ces lignes par un trait du doigt que l'on passait sur la tête, jusqu'à la nuque, en suivant le front. » — Troisième explication : « En notre langue, leur כף est appelé כי. On prenait de l'huile avec le doigt en forme de כי grec » (ici pas de figure explicative).

Ce n'est pas tout, car dans son commentaire sur *Exode*, XXIX, 2, Raschi explique l'onction sacerdotale, selon la tradition talmudique, et il rappelle que la ligne suivie en ce cas prenait la forme du נ courbé (ou C renversé). Ces variations prouvent la perplexité du célèbre exégète en présence de ce texte. On se demande s'il l'avait bien compris; et ce n'est pas diminuer le mérite de Raschi que reléguer sa science du grec dans le domaine de la légende, au même titre que son prétendu voyage en Grèce[1].

L'édition du Talmud par Moïse Landau (Prague, 1842, in-8°),

[1] Cf. *R. É. J.*, t. I, p. 141.

de cet imprimeur lexicographe qui se targuait de savoir le grec, termine la seconde glose de Raschi (sur le passage de *Keritoth*, fol. 56b) par cette figure : ⊓, tandis qu'à la même place l'édition moderne de Vienne a un omega majuscule : Ω.

La même image, כמין כי, est invoquée trois fois dans la Mischnâ: *Zebaḥim*, X, 8; *Menaḥoth*, VI (VII), 3; *Kélim*, XX, 7. Sur ce dernier passage, le commentaire de R. Simson de Sens dit ceci : « Selon l'explication du *Gaon*[1] et de l'*Aroukh*, c'est le כף grec, ayant cette forme Γ ». Une note à ce propos, dans l'édition Landau, dit avec raison que cette figure est fautive, mais qu'elle est donnée exactement dans le *Yad ḥazakah* de Maïmonide[2]. Si l'on consulte ce dernier, on verra que son commentaire sur la Mischna de *Menaḥoth* (seulement rappelé, כמו שביארנו, dans *Kélim*) a la figure C. Des deux manuscrits de ce commentaire qui sont à la Bibliothèque nationale de Paris, le n° 329 n'a pas de figure; le n° 330 a bien un C, dont la ligne supérieure et la ligne inférieure se prolongent à droite, en ovale : ⊂. Ne s'expliquant pas la disposition de cette figure, les éditeurs de Maïmonide l'ont retournée, sous la forme d'un Ͻ : elle se rapproche, par l'aspect, du mot כי, mais elle n'en donne pas le sens.

C'est seulement au XVIIe siècle que, pour la première fois, Benjamin Mussafia donne la transcription littérale du כי, dans ses Additions à l'*Aroukh*. « C'est, dit-il, la 22e lettre de l'alphabet grec (X), composée de deux lignes obliques, λοξόν, qui, au milieu se coupent en diagonale. » Il paraît, ou n'avoir pas consulté ses prédécesseurs, ou n'avoir pas voulu tenir compte de leur avis.

Pourtant, Obadia de Bertinoro, commentant la Mischna de *Menaḥoth* (VI, 3), suit la seconde des explications précitées, fournies r Raschi, et il s'arrête à la forme ט, tandis qu'ensuite il ajoute ceci : « C'est l'écartement entre l'index et le pouce de la main gauche, ainsi figuré : C. » Voilà qui est précis.

Dans les temps modernes, Israel Lipschutz a repris la question, en expliquant une Mischnah du tr. *Zebaḥim* (X, 8), qui dit : « Le reste d'huile réparti dans le parvis du Temple provient des offrandes de gâteau aux Cohanim. » Notre commentateur s'exprime ainsi

(1) On sait que le *Gaon* anonyme est généralement Saadia Gaon; mais où en a-t-il parlé?

(2) Livre VII, *Abóda*, section כלי המקדש (outillage, ou cérémonial du Temple), chap. I, § 9.

(note 37) : « On donne seulement l'onction au grand prêtre sous la forme du כי grec; c'est, selon Raschi sur *Menaḥoth*, un כ. Les *Tossafot*[1], au nom du *Aroukh*, disent que c'est un Λ; selon Obadia de Bertinoro, c'est un ט. Selon Raschi sur l'*Exode* (XXIX, 2), c'est un נ courbé (non final). Mais Maïmonide, dans le *Yad ḥazakah*, dit que c'est un X. Il y a lieu d'adopter cet avis; car, dans l'alphabet grec, la 22e lettre a la forme X, appelée כי ou כ adouci (aspiré); seulement, comme en hébreu les lettres בגד כפת en tête des mots ont un *daguesch* (un point de dureté), il a fallu déterminer ce qu'est le כף grec, afin d'indiquer une lettre aspirée. »

« Ceci est contraire, dit encore Lipschutz, à l'avis du *Tossafot* Yom Tob[2] (*alias* Lippmann Heller); en commentant la Mischnah de *Menaḥoth* et celle de *Kélim*, il dit avoir reconnu la lettre en question sous la forme Π, la seizième lettre du grand alphabet grec (majuscule), et sous la forme *υ* du petit alphabet (minuscule), conformément à l'avis de Bertinoro. Or tout cela n'est pas exact; car la 16e lettre est פי (Π); tandis que le signe invoqué par lui a effectivement la forme du ט, qu'en grec on nomme *Ipsilon* (!). Pourquoi alors nos sages l'auraient-ils nommé כי? C'est donc que nous avions raison de rappeler la forme X. »

L'embarras de Moses Mendelssohn à ce sujet, dans son commentaire (ביאור) sur l'*Exode*, XXIX, 2, n'est pas moins frappant. Il constate que deux manuscrits de Raschi, à ce verset, comme les éditions du Talmud au susdit passage de *Kerithoth*, ont la forme Ω; « ce qui répond — dit-il — au Π, et n'est pas כי. C'est que Raschi avait adopté la forme du נ, sauf à supposer le prolongement d'une haste à droite, tandis que pour Maïmonide les éditeurs ont admis la forme du איקס (*sic*) romain (X). Il se peut que la forme primitive ait été changée, et que ce soit un dérivé de la lettre Ξ »!

Même hésitation dans l'*Aruch completum* d'Alex. Kohut[3]. Il pense que Nathan ben Yeḥiel avait en vue la 20e lettre de l'alphabet grec, l'Y, et après avoir noté les opinions divergentes à ce sujet, il conclut qu'il y a similitude (?) entre Y et X, parce que le *υ* (minuscule grecque) est une aspirante, *Hauchlaut*, קרוב למבטא של כי, « se rapprochant de l'énonciation du X ». Au préalable, il propose

(1) Sans indication du passage invoqué.

(2) Il ne paraît pas avoir compris quelle lettre désigne le כ retourné, ignorant la lettre C latine.

(3) T. IV, p. 216b à 217.

de corriger כי en פי, Π, dans tous les passages précités de la Mischna et du Talmud.

En vain, Immanuel Deutsch, de Sohrau[1], a supposé que Maïmonide avait dessiné un X, pour éviter toute erreur : on ne trouve ce signe, ni dans les manuscrits (autant que nous avons pu les consulter), ni dans les éditions. A peine pourra-t-on noter, que, dans l'édition du Talmud parue à Amsterdam, il n'y a pas de figure pour l'explication de Raschi sur le premier passage (celui du tr. *Horaïot*), et pour celle du second passage (au tr. *Kerithoth*), elle a deux parenthèses adossées :)(. Sam. Krauss mentionne deux fois le mot כי[2], et ne fait pas état du premier texte talmudique, qui a l'expression כף יוונית (K grec); il le traite de « corrumpirt[3] ».

Ne semble-t-il pas au contraire ressortir de la longue revue des diverses opinions sur cette question, très différentes entre elles, que le premier texte talmudique est le meilleur? Ne peut-on pas admettre qu'il s'agissait d'une figure en forme de K, placée non verticalement, mais horizontalement? De la grande ligne droite horizontale, qui suivait le front du grand prêtre oint, partaient deux lignes plus courtes, rejoignant les sourcils par voies obliques. Si, à titre d'hypothèse, cet avis est admissible, on proposera de simplifier chaque mention de la forme כי en כ׳ = K, correspondant au C (dur) latin, que plusieurs commentateurs ont adopté.

II. ÉPITAPHES ET DÉDICACES.

On a vu par combien de phases a successivement passé la transcription du langage judéo-grec, en sa forme plutôt populaire que savante, avec ses tâtonnements et même ses inconséquences. C'est

(1) Dans le *Jüdisches Literaturblatt* de Rahmer (*Beilage* de l'*Israelit. Wochenschrift*, Magdeburg, 1878), t. VII, p. 135.

(2) La partie grammaticale des *Griechische und latein. Lehnworter* (t. I, p. 12 et 40) dit : כי = χ, et son *Lexique* (t. II, s. v.) se contente de mentionner les passages talmudiques.

(3) Il faut reconnaître qu'un manuscrit de la Bibliothèque nationale (hébreu n° 1337, fol. 210ª), contenant le traité *Horaïoth*, confirme cette opinion, puisqu'il a כי dans ce texte, non le mot כף. Toutefois il reste à savoir comment ce mot est transcrit dans d'autres manuscrits.

à un point de vue différent que l'on envisagera les textes gravés sur pierre, dont les uns sont des dédicaces synagogales, les autres des épitaphes. Les unes et les autres intéressent par les renseignements qu'elles fournissent à l'histoire, à l'architecture, à l'administration communale, à la terminologie des titres honorifiques. Ces documents, classés par ordre chronologique, sont répartis entre 42 localités qu'ils contribuent à faire mieux connaître, surtout sous le rapport des institutions locales. Ils corroborent les 32 épitaphes judéo-grecques publiées par l'Académie de Berlin dans le *Corpus inscriptionum graecarum* (t. IV, n°s 9894-9926). Pour notre cadre, les plus anciennes épigraphes, antérieures au commencement de l'ère chrétienne, sont exclusivement rédigées en grec; celles du moyen âge sont bilingues, semi-grecques, semi-transcrites en lettres hébraïques; les dernières seules sont rédigées uniquement en hébreu.

1. Smyrne ancienne.

Une inscription grecque découverte à Smyrne a été publiée, traduite et commentée par M. Salomon Reinach [1]. Contentons-nous de reproduire ici la traduction de ce texte :

La Juive Roufina, *archisynagogue*, a construit ce tombeau pour ses affranchis et les esclaves élevés dans la maison. Personne n'a le droit d'ensevelir un autre corps; si quelqu'un se permet de le faire, il payera 1,500 deniers d'amende au trésor sacré et 1,000 deniers à la nation des Juifs. Une copie de cette inscription a été déposée aux archives publiques.

« La forme des caractères de l'inscription, ajoute M. Reinach, suffit à prouver qu'elle appartient à une époque assez basse... L'orthographe est assez défectueuse. Le titre d'*ἀρχισυνάγωγος* est bien connu par les textes et par les inscriptions [2]; mais la nôtre est la première où l'on donne ce titre à une femme, quoi qu'en ait dit Schürer [3].

« Mais il faudrait se garder de partir de là pour considérer la désignation en question comme purement honorifique. Nous savons

(1) *R. É. J.*, t. VII (1883), p. 163-166.
(2) Schürer, *Die Gemeindeverfassung der Juden in Rom* (Leipzig, 1879, p. 25; Ascoli, *Iscrizioni di antichi sepolcri giudaici* (Torino, 1879), n° 6.
(3) *Op. cit.*, p. 29. Cf. Lenormant, *R. É. J.*, t. VI, p. 203.

au contraire d'une manière certaine que l'ἀρχισυνάγωγος (en hébreu ראש הכנסת) désignait, alors que le temple de Jérusalem était encore debout, le ministre qui s'associait au grand prêtre pendant le service divin[1]. Hors de Jérusalem, il était à la tête de l'administration et dirigeait le culte, ayant sous lui l'ὑπηρέτης. Un *archisynagogue* est mentionné dans une inscription d'Égine, comme ayant présidé à la construction d'un temple juif[2]. Mais plus tard ἀρχισυνάγωγος devint un titre honorifique, qui se transmettait de père en fils et se donnait même à de tout jeunes enfants[3]. Distinct en principe de celui de πατὴρ συναγώγης, il prit alors un sens plus vague et plus général, analogue au titre de πατὴρ ou μήτηρ συναγώγης. Les archisynagogues sont les *principes*, les notables de la communauté juive, auxquels leur position privilégiée conférait sans doute le droit d'exercer un certain contrôle sur les pratiques religieuses de leurs coreligionnaires. C'est à cette catégorie d'archisynagogues *honoris causa* qu'appartenait la Rufina de notre inscription.

« L'inscription de Rufina n'est pas, à proprement parler, une épitaphe. C'est un *Avis au public*, destiné à assurer la propriété d'une tombe à ceux pour lesquels elle a été construite. Ceci explique pourquoi les formules en sont exactement conformes à celles que l'on trouve dans les inscriptions païennes de la même époque, ainsi que l'absence de toute formule proprement juive, שלום, ἐν εἰρήνῃ ἡ κοίμησις σου. C'est un document officiel, rédigé sur un modèle convenu, et dont une copie, suivant un usage fréquent, doit être déposée aux archives de Smyrne. Une inscription de cette ville nous apprend que les archives (τὸ ἀρχεῖον) s'appe-

(1) Cf. J. Derenbourg, *Essai de restitution de l'ancienne relation de Masséchét kippourim*, dans la *R. E. J.*, t. VI, 1883, p. 56 : « Alors le grand prêtre doit faire la lecture du jour, habillé de vêtements de byssus et couvert d'un manteau blanc... Le bedeau prend le rouleau, le donne au *chef de la synagogue*, etc. ».

(2) *Corpus*, n° 9894 : Θεόδωρος ἀρχισυνάγωγος φροντίσας ἔτη τέσσαρα ἐχ θεμελίων, τὴν συναγωγὴν οἰκοδόμησα.

(3) Ascoli, *op. laud.*, n° 12 : Ἰωσὴφ ἀρχισυνάγωγος ὑιὸς Ἰωσὴφ ἀρχισυναγώγου (Venosa). P. 49 : L'ἀρχισυνάγωγος... è dignità che non solo se vede andare da padre in figlio, ma anche attribuirsi à fanciulli così come nelle giudaiche di Roma, abbiamo l'ἄρχων νήπιος e il γραμματεὺς νήπιος. » On trouve en effet τάφος Καλλίστου νηπίου (*sic*) ἀρχισυναγώγου (Angelis et Smith, cités par Ascoli, *l. l.*).

laient aussi le *Musée*[1]; dans d'autres cités, le dépôt d'actes semblables doit être fait au *χρεοφυλάκιον*[2]. Cette formalité était importante; car l'administrateur des archives pouvait refuser le dépôt de l'acte s'il était irrégulier, ou entaché de quelque fraude.

« Une famille de Rufini est connue par plusieurs inscriptions de Smyrne et paraît y avoir occupé une grande position. C'est là que florissait, au IIe et au IIIe siècle après J.-C., le sophiste et rhéteur M. Claudius Rufinus[3]. Il n'est pas impossible qu'une personne de cette famille se soit convertie au judaïsme. »

2. Délos antique.

Des membres de l'École d'Athènes ont découvert à Délos un autel cylindrique sur lequel est gravée une dédicace grecque faite par Damôn, fils de Demétrius, natif d'Ascalon, à Jupiter Ourios et à Astarté Palestinienne (qui est) l'Aphrodite Uranie[4], pour les remercier de l'avoir sauvé d'une attaque des pirates. L'Astarté Palestinienne, dit M. Clermont-Ganneau[5], apparaît ici pour la première fois. « La présence d'un Ascalonite à Délos n'a rien de surprenant. Elle s'explique *a priori* par le rôle commercial de cette île, rendez-vous général des hommes d'affaires du bassin oriental de la Méditerranée. On y a déjà trouvé d'autres inscriptions attestant des relations suivies entre Délos et Ascalon[6]. Tous les Ascalonites (cités dans diverses dédicaces) portent, comme le nôtre, des noms purement helléniques. Mais cela ne veut pas dire nécessairement qu'ils furent de race grecque. Ce pouvaient être des Orientaux d'origine, ayant pris selon la mode du temps des noms grecs, qui

(1) Μουσεῖον καὶ Βιβλιοθήκη, 1876-1878, p. 37, n° σμη'. Ταύτης τῆς ἀντιγραφῆς ἀντίγραφον ἐσΤὶ ἐν τῷ ἐν Σμύρνῃ ἀρχείῳ τῷ καλουμένῳ Μουσείῳ.

(2) Le Bas-Waddington, *Inscriptions d'Asie Mineure*, nos 1630, 1632, 1634, 1636, 1637, 1639, 1641-1643; Dareste, *Bulletin de correspondance hellénique*, VI, p. 241.

(3) Le Bas-Waddington, *Inscriptions de l'Asie Mineure*, n° 12; *Corpus*, nos 3162, 3176, 3178.

(4) Voir Gabriel Leroux, *Exploration archéologique de Délos* (1910), fasc. I p. 38.

(5) *Comptes rendus* des séances de l'Académie des Inscriptions. 1909, p. 307-316; 1910, p. 412-413.

(6) *Bulletin de correspondance hellénique*, I, 86; IV, 190; VII, 12; VIII, 128, 488; XII, 688.

correspondaient plus ou moins exactement à leurs noms nationaux, soit pour le sens, soit pour la consonance[1].

Des deux divinités auxquelles s'adresse la dédicace, Zeus Ourios et Aphrodite Uranie, sont parfaitement connus. L'Astarté Palestinienne est dénommée ici l'Aphrodite hellénique, occupe le second rang dans la dédicace, peut-être parce qu'elle était en rapport particulier avec la galère de Damon; soit que le port d'attache de celle-ci fut placé sous l'invocation d'Astarté, auquel cas on pourrait penser à quelque ville de la côte philistine, telle que Jamné ou Joppé, soit que la galère fût placée sous cette invocation et portât le nom de la déesse, ou un nom dérivé du sien.

3. Rabbat Ammon.

En séance du 27 octobre 1905 de l'Académie des Inscriptions[2], M. Clermont-Ganneau a déchiffré et restitué une inscription grecque très mutilée, découverte peu auparavant dans la Palestine transjordanique, à Rabbat Ammon Philadelphie, la capitale des Ammonites. Il montre que c'est un décret du sénat local, en l'honneur d'un personnage qui, pendant deux jours, avait présidé à une fête religieuse et dirigé la procession à un certain sanctuaire d'Héraclès. Le culte spécial dont ce dieu était l'objet à Philadelphie est attesté, d'autre part, par des monnaies frappées dans cette ville, entre autres par celle où figure un char sacré, dénommé expressément « char d'Héraclès », qui devait jouer un rôle essentiel dans ce pèlerinage solennel. Cet Héraclès, adoré sur quelque vieux haut lieu de la région de Philadelphie, était, selon toute probabilité, l'héritier hellénique de Milkom, dieu national des anciens Ammonites, mentionné par la Bible et étroitement apparenté à Melkarth, l'Héraclès phénicien.

Sur d'autres monnaies de Philadelphie, apparaît une déesse Astéria, dont le nom rappelle celui d'Astarté, parèdre de Melkarth; dans cette monnaie, M. Clermont-Ganneau, s'appuyant sur un dire formel de la mythologie grecque, reconnaît la mère d'Héraclès. C'est à ce titre qu'elle a pris place dans le monnayage de Philadel-

(1) Sur divers Ascalonites établis à Athènes, cf. Th. Reinach, *Décret en l'honneur d'Hyrkan*, p. 13.

(2) *Comptes rendus* de l'année 1905, p. 584; *Recueil d'archéologie orientale*, t. VII, p. 147-154. Cf. S. Rapoport, *Erekh Millin*, s. v. ארקלים.

phie, aux côtés de son fils. Ce dernier rapprochement nous fournit la clef d'une légende antique, en apparence des plus bizarres, rapportée par Eudoxe de Cnide et Athénée, d'après laquelle Héraclès, tué par Typhon qu'il était allé combattre en Libye, aurait été ressuscité grâce à une caille que lui fit flairer son fidèle compagnon Iolaüs. C'est pour cette raison, ajoute le récit, que les Phéniciens sacrifient des cailles à Héraclès.

Tout s'explique pour peu que l'on combine deux données mythiques, également avérées, que la critique a négligé de mettre en relation : 1° Astéria était la mère d'Héraclès; 2° Astéria, nymphe de Délos (Ortygia « île aux cailles »), avait été métamorphosée en caille. D'où il résulte logiquement que la caille miraculeuse de la fable en question, c'est tout simplement la propre mère d'Héraclès, Astéria, qui vient une seconde fois lui donner la vie.

4. Jaffa.

a. A propos d'un mémoire d'E. Schürer, sur la constitution de la communauté juive à Rome, au temps de l'empire, M. Clermont-Ganneau a publié[1] trois inscriptions similaires, qu'il avait découvertes à Joppé (Jaffa). Les voici :

1. Ἠζικία υἱῷ
Ἴσα[2] φροντισ-
τὶ Ἀλεξανδ-
ρίας

A Ezechias, fils d'Isa phrontiste[3] d'Alexandrie.

2. Ἠσ[ηδώρο]-
υ Πινάρα
καὶ Λουλι-
ανοῦ, φρο(ν)-
τι(σ)τῶν

(Tombeau) d'Isidore de Pinara et de Loulianos, phrontistes.

[1] *Revue critique*, XVII, 1883, t. I, p. 141-147.
[2] Pour Isaia, par absorption de la finale *ia*.
[3] Titre d'un des fonctionnaires, ou dignitaires, parmi les Juifs.

3. Θανούμ υἱὸς
Cίμωνος ἐν-
γόνιν Βενια-
μίν τοῦ κεν-
τηναείου τῆς
Παρεμβολῆς

Tanhoum fils de Simon petit-fils de Benjamin centenier de la Parembole.

Au n° 1, la vocalisation du nom biblique חזקיה est respectée [1], sauf élision du ח (inexprimable en grec), comme en tête du n° 3, dans Tanoum le ח est aussi élidé.

b. Une autre inscription juive de Joppé a été publiée par M. Clermont-Ganneau, dans l'article *Un nouveau* titulus *funéraire de Joppé* [2]; il l'avait reçue de Jaffa en 1885, provenant probablement de l'antique nécropole juive, déterminée par lui auparavant. Elle est ainsi conçue : Ηγόρασα ἐγ(ὼ) Σαοὺλ, ἐν τῇ Ἰόππῃ, παρὰ Βαρουχίου, μνῆμα· ἀνεθ(ή)καμεν πρώτος Σαοὺλ καὶ Συνκλητικήν.

Cette inscription, dit l'auteur, appartient à la classe des *tituli*, ou plaques de marbre scellées au-dessus de l'entrée des sépulcres, ou des fours à cercueil. Celui-ci mentionne l'acquisition d'un tombeau faite à Joppé par un Juif nommé Saul, d'un de ses coreligionnaires nommé Baruch ou Baroukhis. Le nom de femme correspond au nom d'homme Συνκλητικός (*C. I. G.*, n° 4373^{b}), = *sénateur*. Le texte, autant que cela résulte de l'aspect des caractères et du style, doit être de l'un des premiers siècles de l'ère chrétienne.

c. Sur une plaque de marbre blanc, mesurant 0 m. 26, qui provient probablement de la nécropole juive à Jaffa, le P. Savignac a copié l'épitaphe suivante [3] :

ΜΝΗΜΙΟΝ
ΤѠΝ ΒΙΖΖΟΥ
ЄΝΘΑ ΚΙΤΕ
ΡΕΒΕΚΚΑ Η ΜΗ
ΤΗΡ ΜΑΝΝΟΥ
ЄΙΡΗΝΗ שלום

Tombeau des (membres de la famille de) Bizzos. Ici repose Rebecca mère de Mannos. Paix!

[1] Elle n'est pas commuée en *Ezechias*.

[2] *Recueil d'archéologie orientale*, t. I, p. 99-100; IV, § 23, p. 138.

[3] *Revue biblique*, 1904, p. 28; Clermont-Ganneau, *C. R. Acad.*, 1903, p. 484; *Recueil*, VI, p. 187.

En reproduisant ce texte, M. l'abbé Chabot ajoute : « Ῥεβεκκά est vocalisé comme les LXX transcrivent le nom hébreu רבקה, tandis que dans une autre inscription de même origine on lit Ῥεβκα (pour *Ribka*) selon la vocalisation massorétique. — Μάννος = מענו est fréquent dans l'onomastique gréco-syrienne. Le mot hébreu est conforme au type des premiers siècles de l'ère vulgaire[1]. »

d. Dans la collection Ustinow à Jaffa, le Rev. J. E. Hanauer a copié et transmis à M. Clermont-Ganneau, qui les a publiés[2], les sept textes suivants :

1. Ναούμ υειὸς Σοίμωνος, τῶν Βαρβαβὶ

שלום

Na(ḥ)oum fils de Simon, de la famille des Barbabi. Paix!

2. Ῥαβὶ Ἰο(υ)δα

הקבר הזה (?) של רב יודן הכרן ברב נוח נפש שכן לוד υἱὸς Ἰωναθά(ν).

Les deux premiers mots, en grec, forment une première ligne, précédant le texte complet en hébreu; les deux derniers mots, en grec, suivent en une ligne finale. Voici la traduction de l'ensemble :

Rabbi Iouda. Ce tombeau de Rab Ioudan, l'honoré maître... fils du Rabbi... Son âme repose...(?) habitant de Lod, fils de Ionathan.

Nota. Dans le mot הזה, le ז très petit est presque un י. — Le sixième mot hébreu, que l'on voudrait lire הכהן « le Cohen », a un ר net et ponctué. — Dans les deux derniers mots, dont trois lettres sont ponctuées, on aimerait voir une eulogie; à défaut de quoi, supposons un originaire de la ville de Lod.

3. Σύμωνος υἱοῦ Ἰακώ(β) Διοσπολί(τ)(ου). שלום

De Simon fils de Jacob le Diospolite. Paix!

(1) *Répert. d'épigraphie sémit.*, II, n° 522, p. 15.

(2) *Notes on squeezes of inscriptions in Baron Ustinow's Collection* (*Palestine Exploration Fund, Quarterly Stat.*, 1900, p. 110-123); *Recueil*, IV, p. 138-161; *R. É. S.*, II, p. 38-42.

4. חייא בן אלעזר. Εἴας υἱὸς Λαζάρου.

On remarquera comment le nom du fils de Lazare, *Ḥiya*, ou Ḥaya, est vocalisé en grec.

5. Μνῆμα διαφέροντα(?) Μαρίας Ἀνατολίου ἐργάτου.

Tombeau appartenant à Marie fille d'Anatolios, artisan. Paix!

6. Ἀνάπαυσις μητρὸς Ἀβουδέμμου καὶ Σαμούηλος καὶ Ζήνωνος καὶ τοῦ γένους αὐτῶν καὶ ἀδελφῆς αὐτῶν ΚΟΧΧΑΘΙѠΝ πέντε. שלום אבודם.

Repos de la mère d'Aboudemmos, de Samuel, de Zénon, de leur progéniture et de leur sœur... cinq. Paix (à) Aboudem.

Peut-être ΚΟΧΧΑΘ est-il la transcription de כוכבה (par confusion du ב avec כ) équivalent de *Stella*, comme nom de cette « sœur ». Faut-il supposer que ΙѠΝ = τῶν, qui précède πέντε, « *des* cinq » ? Ce seraient : la mère et ses quatre enfants.

7. Ἀλαφθά υἱὸς Ὑανά ש δος א

Le nom חלפתא n'est pas rare dans le *Talmud*, et Ὑανάδος (génit. de Ὑάνας = ינאי) est entouré des initiales de deux mots : אמן et שלום. Ces deux mots ainsi placés constituent le final, non par initiales d'abréviation, mais complets dans l'inscription trilingue de Tortose[1].

5. Xénéphyris.

Une inscription grecque, récemment découverte à Xénéphyris, en Basse-Égypte, non loin d'Alexandrie, a été traduite et commentée par M. Théodore Reinach[2]. Elle est ainsi conçue :

Au nom (*ou* en l'honneur) du roi Ptolémée et de la reine Cléopâtre sa sœur, et de la reine Cléopâtre son épouse, les Juifs de Xénéphyris [ont consacré] le portail de la synagogue, étant présidents Théodore et Achillion.

[1] Voir *Rapport sur les inscript. hébraïques de l'Espagne* (1907), p. 235 [7].

[2] *R.É.J.*, t. LXV, p. 135-137. Cf. Evaristo Breccia, *Revue isr. d'Égypte*, n° 16, du 15 octobre 1912.

Le roi Ptolémée mentionné dans cette dédicace, est Ptolémée (VII) Évergète II (*vulgo* Physicon), et comme notre dédicace mentionne à la fois deux reines, soit les deux épouses simultanées dudit roi, la date est nécessairement fixée entre 143 et 116 av. J.-C.

Ce texte est une nouvelle indication de l'habitude prise par les Juifs d'Égypte — probablement en vue de leur sécurité — de placer leurs maisons de prières sous l'invocation et, par suite, sous la protection des souverains régnants. Ici, l'invocation s'applique, non à l'édifice entier, mais seulement au portail ou vestibule, *πυλῶν*, ajouté après coup.

Le détail nouveau offert par le présent texte consiste en ce que, après la mention de la communauté entière, *οἱ Ἰουδαῖοι*, on ajoute les noms de deux personnages ou magistrats de la communauté qualifiés de *προστάντες* « ceux qui sont à la tête », ou chefs élus de la communauté de Xénéphyris.

6. Phocée.

D'après l'*Homeros* du mois de mai 1875 (p. 205), qui, sous le titre d'Ἐπιγραφὴ Ν. Φωκῶν (inscription de Nouvelle-Phocée), contient un texte peu correct, sans accentuation, ni séparation entre les mots, M. Salomon Reinach a reconstitué et publié ce texte[1], qu'il a traduit et commenté en ces termes :

> *Τάτιον Στράτωνος τοῦ Ἐν-*
> *πέδωνος τὸν οἶκον καὶ τὸν πε-*
> *ρίβολον τοῦ ὑπαίθρου κατασκευ-*
> *άσασα ἐκ τῶ[ν ἰδ]ίων*
> *ἐχαρίσατο τ[οῖς Ἰο]υδαίοις.*
> *Ἡ συναγωγὴ ἐ[τεί(μη]σεν τῶν Ἰουδαί-*
> *ων Τάτιον Σ[τράτ]ωνος τοῦ Ἐνπέ-*
> *δωνος χρυσῷ στεφάνῳ*
> *καὶ προεδρίᾳ.*

Tation, [fille] de Straton [fils] d'Empédon, ayant construit à ses frais la salle du temple et le péribole de l'hypètre, en a fait don aux Juifs. La synagogue des Juifs a honoré Tation, fille de Straton fils d'Empédon, d'une couronne d'or et du privilège de proédrie.

(1) *R.É.J.*, t. XII, 1886, p. 236-243; *Esquisses archéologiques* (P., 1888), p. 265-274. Note lue à l'Académie des Inscriptions, le 19 mars 1886.

« L'inscription que nous venons de traduire, dit M. Reinach, a disparu. La ville de Nouvelle-Phocée, située à quelques kilomètres de l'ancienne Phocée, entre cette ville et les ruines de Cymé, a été visitée à plusieurs reprises, depuis 1880, par M. Papadopoulos Kerameus, qui lui a consacré une monographie, par MM. Pottier et Hauvette-Besnault, par M. Baltazzi et par nous-même. Le texte signalé par l'*Homeros* n'a pas été retrouvé. Il est donc fort probable que l'inscription a été employée dans une des nombreuses bâtisses nouvelles, élevées en cet endroit.

« Le nom de la donatrice, Tation, qui manque dans le lexique des noms propres grecs de Pape-Benseler, s'est déjà rencontré plusieurs fois dans les inscriptions(1). Il est à Tatios, comme Ἄπφιον, par exemple, nom d'une femme dans une inscription de Lydie(2), est à Appios. C'est un de ces diminutifs analogues au *Glycerium* des Latins, au *Gretchen* des Allemands, que l'on trouve surtout portés par des esclaves, des courtisanes, des femmes de condition inférieure(3). Mais ici, comme dans un assez grand nombre de cas, il s'agit certainement d'une femme libre. Rappelons seulement, à titre de parallèle, une inscription du Céramique d'Athènes, où est mentionnée une *Corallion*, femme d'Agathon, qui n'était ni une esclave, ni une courtisane(4).

« Notre texte provient vraisemblablement de l'ancienne Phocée, la métropole de Marseille, dont les matériaux ont servi, depuis le XIVe siècle, à la construction de la Phocée génoise(5). L'existence d'une colonie juive dans cette ville était encore inconnue, et sa découverte peut servir à nous en révéler une autre dans le voisinage. Parmi les communautés juives de Rome, qui comptait de nombreuses synagogues, deux inscriptions mentionnent la συναγωγὴ Ἐλαίας(6). On s'est demandé si cette synagogue devait son nom à un olivier, dont elle aurait pris l'image pour symbole(7). Ce

(1) *C. I. G.*, n°s 3270, 3815, *add.* 3827 *f*, *add.* 3857 *s*, 6569.

(2) *Journal of Hellenic studies*, VI, 2, p. 347.

(3) WESCHER, *Revue archéologique*, nouv. série, t. VIII, p. 19; S. REINACH, *Traité d'épigraphie grecque*, p. 511. Cf. une liste de ces noms dans PAPE-BENSELER, *Wörterbuch der Griech. Eigennamen*, 3e éd., p. XXII.

(4) LENORMANT, *Voie sacrée éleusinienne*, I, p. 47.

(5) Papadopoulos KERAMEUS, Φωκαϊκά (Smyrne, 1879), p. 52 et suiv.

(6) *C. I. G.*, 9904; DE ROSSI, *Bulletino di arch. cristiana* V, 1867, p. 16.

(7) SCHÜRER, *Neutestamentl. Zeitgeschichte*, p. 639; *Die Gemeindeverfassung der Juden in Rom*, p. 17.

serait là un fait isolé, que rien ne nous autorise à admettre, puisque les autres synagogues de Rome sont dénommées d'après des quartiers de la ville, des corps de métiers, ou des ethniques divers. M. Schürer, se fondant sur l'existence d'une *συναγωγὴ τῶν Ῥοδίων*[1], inclinait à voir dans Ἐλαία un nom de lieu. Mais il pensait à Eléa (Vélia), petite ville de Lucanie, où nous ne savons pas qu'il y ait jamais eu de colonie juive. On trouve d'autres villes du nom d'Eléa en Bithynie, en Éthiopie, en Épire. Une seule a été considérable; c'est l'Eléa de Mysie, dont les ruines existent aujourd'hui près du village de Klisé-keui, sur la route de Smyrne à Pergame, à 40 kilomètres au nord de Phocée. Or, dans les environs immédiats d'Elæa, on voit une ruine romaine assez considérable, indiquée sur la carte de cette région de l'Eolide (que nous avons publiée, M. Pottier et moi, dans le *Bulletin de correspondance hellénique*[2]), sous le nom de *Tchifout-kalessi*, c'est-à-dire en turc : *Château du Juif*[3]. A cette dénomination correspond en grec Ἑβρεοκάστρο, nom de lieu qui n'est pas rare dans la toponymie anatolienne. Comme il y avait certainement des communautés juives à Pergame, à Smyrne, à Éphèse, à Phocée, nous serions porté à admettre que le nom de Tchifout-kalessi conserve le souvenir de la communauté juive d'Elæa, et c'est à cette ville mysienne que se rapporte la *συναγωγὴ* Ἐλαίας des inscriptions judéo-grecques de Rome.

« On sait depuis longtemps que l'organisation des communautés juives, dans le monde antique, était calquée sur celle des cités grecques, avec une *γερουσία*, une *βουλή*, des *ἄρχοντες* et autres magistrats[4]. L'inscription de Phocée ajoute, à cet égard, quelques indications importantes; nous voyons la synagogue, c'est-à-dire la communauté, honorant une bienfaitrice dans des termes identiques à ceux des inscriptions grecques analogues, lui décernant une couronne d'or et le privilège de la proédrie. Dans les décrets honorifiques païens, le don de la proédrie est très fréquent : il est sou-

(1) Schürer, *Die Gemeindeverfassung*, inscr. 33 et p. 17.

(2) *Bulletin de correspondance hellénique*, 1882, t. VI, pl. IX.

(3) Dans la presqu'île de Myndos, MM. Cousin et Diehl ont aussi trouvé, en ce même lieu, une inscription juive ornée du chandelier à sept branches. Voir S. Reinach, *Revue archéologique*, 1890, t. II, p. 262; *Chroniques d'Orient*. 1re série, p. 717.

(4) Schürer, *op. cit.*, p. 19.

vent précisé par les mots προεδρία ἐν τοῖς ἀγῶσι, ἐν τοῖς ἀγῶσι πᾶσι, ἐν τοῖς ἀγῶσιν οἷς ἡ πόλις συντέλει, etc.[1]. Il s'agit donc de la première place dans les fêtes religieuses, du droit de siéger au premier rang. L'inscription de Phocée est le premier texte juif qui fasse mention du privilège de proédrie[2]; mais, si le mot est nouveau, la chose ne l'est pas. Nous savons que la partie de la synagogue qui contenait l'arche et le livre de la Loi passait pour privilégiée. C'est là qu'étaient les places d'honneur, πρωτοκαθεδρίαι, que recherchaient les Pharisiens et les Scribes du temps de Jésus-Christ. Dans l'évangile de saint Matthieu, Jésus dit à ses disciples[3] : « Les Scribes et les Pharisiens sont assis dans la chaire de Moïse... « Tout ce qu'ils font, ils le font pour être vus des hommes;... ils « aiment à avoir la présidence dans les repas et *à occuper les pre-« mières places dans les synagogues* ». Et saint Jacques écrit, en faisant allusion au même usage[4] : « Mes frères, ne veuillez pas allier la foi « en Jésus-Christ à des considérations personnelles. Si, par exemple, « il entre dans notre assemblée un homme vêtu d'un habit magni-« fique et portant une bague d'or, et qu'il entre aussi un pauvre en « haillons, et que, voyant celui qui porte l'habit magnifique, vous lui « dites : « Toi, assieds-toi à cette place d'honneur! » et que vous dites « au pauvre : « Toi, reste là debout! » ou bien : « Assieds-toi au bas « de mon marchepied! », ne faites-vous pas, à part vous, une dis-« tinction inspirée par une mauvaise pensée? »

« Ainsi, le privilège de προεδρία, identique à celui de πρωτοκαθεδρία, confère à la Juive Tation le droit de prendre place au banc d'honneur, c'est-à-dire comme nous dirions au *banc d'œuvre*. L'inscription de Phocée nous montre que cette distinction n'était pas seulement accordée aux riches ou aux savants, mais que la communauté la conférait, par décision spéciale, même à des femmes, en récompense de services rendus. Il nous semble que ces *marguilliers*, au banc d'œuvre de la synagogue, ne sont autres que des ἀρχισυναγωγοί. Pendant longtemps on a pensé que ce

[1] Cf. S. Reinach, *Traité d'épigraphie grecque*, p. 363.

[2] L'équivalent du grec προεδρία paraît être פרהדרותא, mot que l'on a signalé dans la loi de douane, bilingue, de Palmyre (J. Derenbourg, *R. É. J.*, t. VI, p. 60). M. Derenbourg identifie les πρόεδροι aux *parhedria* mentionnés dans la Mischnah *Kippourim* (*ibid.*, p. 57 et suiv.).

[3] Matthieu, xxiii, 6. Cf. Marc, xii, 38; Luc, xx, 45.

[4] Jacques, ii, 2, 3 (i, 26, 27, trad. Reuss).

titre impliquait toujours des fonctions religieuses et ne pouvait appartenir qu'à des hommes; mais les inscriptions ont prouvé qu'il se transmettait aussi de père en fils, qu'il était quelquefois porté[1] par de tout jeunes enfants, enfin qu'il y avait même des femmes archisynagogues, comme cette Rufina *ἀρχισυναγωγός* de Smyrne, mentionnée dans un texte grec que j'ai publié en 1883[2]. C'était donc parfois un simple titre honorifique, conféré aux *principes* de la communauté, en particulier, semble-t-il, à ceux qui avaient construit des édifices pour le culte. Ainsi, dans une inscription judéo-grecque d'Égine, l'archisynagogue Théodore rappelle lui-même qu'il a fait élever, « depuis les fondements », une synagogue dans cette ville, et que ce travail lui a coûté quatre ans de soins[3]. » (Suivent des considérations du même auteur sur la construction des synagogues judéo-grecques; cette inscription donne un des seuls renseignements précis à ce sujet[4].)

7. Gezer.

En 1874, au cours de la mission archéologique qui lui avait été confiée par la Société du *Palestine Exploration Fund*, M. Clermont-Ganneau a découvert, gravée sur le rocher, à 800 mètres environ au droit est de Tell-el-Djezer, une première inscription bilingue, en grands caractères grecs et hébreux, contenant ces simples mots singulièrement significatifs dans leur laconisme : *Ἀλκίου*, תחם גזר « limite de Gezer; de Alkios ». Ce nom grec, ou plutôt judéo-grec, « de Alkios », au génitif, est vraisemblablement celui du magistrat, civil ou religieux, qui avait présidé à l'établissement de cette limite officielle, vers l'époque des Macchabées, à en juger par la paléographie des caractères. L'identité de Gezer et du Tell-el-Djezer était donc établie.

(1) Ci-dessus, p. 38.

(2) Ci-dessus, p. 37-39.

(3) *C. I. G.*, n° 9894; Schürer, *op. laud.*, n° 45.

(4) Nous sommes également mal renseignés, dit M. S. Reinach, sur les anciennes synagogues de la Judée, signalées dans la *Mission de Phénicie* de Renan (p. 761, 763, 765, 776-780). Le plan de la synagogue d'Hamman el-Enf près de Carthage, publié dans la *Revue archéologique* de 1884, ne doit inspirer qu'une médiocre confiance.

« Frappé de ce fait, dit l'auteur[1], que ce jalon épigraphique était normalement orienté par rapport au Tell, j'en avais conclu que la limite dont il s'agissait devait être une limite enveloppant la ville, et non pas simplement une ligne de démarcation passant par exemple entre deux territoires contigus. . . En cherchant le long d'une ligne préalablement relevée à la boussole et dirigée du sud-est au nord-ouest, je découvris bientôt, à 150 mètres environ de la première inscription, une seconde inscription, gravée comme celle-ci sur le rocher, et d'une teneur absolument identique : « limite de Gezer; de Alkios ». La seule différence, c'est que les deux textes étaient ici disposés dos à dos au lieu d'être mis bout à bout, comme au premier cas :

ΛΟΙΚΛΛ
תחם גזר

« De plus, entre ces deux inscriptions, j'en découvris une troisième purement hébraïque, plus courte. »

Plus tard, en 1881, cet épigraphiste a trouvé un troisième exemplaire de l'inscription bilingue : cette fois, les deux textes, toujours identiques, étaient superposés; puis, le P. Lagrange a découvert sur place un autre exemplaire, conçu dans les mêmes termes et gravé sur le rocher, en deux lignes adossées.

Aux alentours de cette localité, le P. Lagrange a découvert un curieux chapiteau en marbre blanc, veiné de noir, d'ordre très composite, avec disposition irrégulière des acanthes. Il est analogue à d'autres chapiteaux rapportés au Louvre par M. Clermont-Ganneau en 1881. L'un d'eux porte, inscrite dans une couronne, la formule ЄΙС ΘЄΟС « un seul Dieu », qui se retrouve sur le chapiteau bilingue, grec et hébréo-samaritain d'Emmaüs.

8. Yabroud.

Devant l'Académie des Inscriptions, en séance du 4 août 1905, M. Clermont-Ganneau a étudié deux grands fragments d'inscription grecque qui proviennent de Yabroud (Iabruda), localité antique

[1] Voir *Archaeological researches in Palestine*, t. II (1896), p. 224-265; *Revue biblique*, 1899, p. 109-117; *Recueil*, I, p. 351-392; II, p. 116.

de Syrie située à l'est de Baalbek. Bien que publié en fac-similé depuis longtemps par J. Euting[1], ce texte mutilé avait résisté à tous les efforts, et il était resté jusqu'ici lettre close. M. Clermont-Ganneau a réussi à en déchiffrer la majeure partie, et il a démontré que c'est un document d'une réelle valeur historique. Ce n'est en effet rien de moins qu'un édit officiel du roi juif Hérode Agrippa II. Cet édit dénonce et condamne les agissements d'un certain personnage qui, après s'être emparé indûment du sacerdoce, l'avait accaparé pendant plus de quarante ans et s'était livré à des exactions de tout genre, au détriment du Sanctuaire et de divers particuliers. Le fruit de ses longues rapines est évalué à trois cents talents, soit plus de seize cent mille francs. Décrété d'accusation et poursuivi comme sacrilège, il est forcé de rendre gorge par ordre du roi.

Parmi les noms qui figurent dans le document, on relève celui de Sampsigeramos, qui semble être le coupable visé, et celui de Lysanias, noms historiques qui rappellent ceux portés par des dynastes d'Emèse et des tétrarques d'Abylène, petites principautés de la région d'où provient l'inscription[2].

9. Jérusalem.

Un caveau sépulcre taillé dans le roc, à environ 300 mètres au nord de Jérusalem, par la porte de Damas, a fourni un groupe d'ossuaires en pierre, datant des premiers siècles de l'ère chrétienne; ils ont donné une épigraphe hébraïque et deux grecques.

Dans la première, d'après l'avis de M. Clermont-Ganneau[3], les caractères sont très semblables à ceux des épigraphes d'un groupe d'ossuaires du mont du Scandale, déjà expliquées[4]. Il n'y a qu'un mot de quatre lettres : שלום. On peut traduire ce mot par

[1] *Sitzungsberichte der Akademie der Wissenschaften* (Berlin, 1887), *Epigraphische Miscellen*, n°s 115 et 116.

[2] *Comptes rendus des séances de l'Académie des Inscriptions*, 1905, p. 406-407; *Recueil d'archéol.*, t. VII, § 5, p. 54-76. Le sens de ce texte a été ingénieusement reconstitué par M. Clermont-Ganneau, grâce à ce qu'il a remis en place correcte les deux fragments de l'inscription : le n° 116, selon Euting, doit précéder le n° 115; à gauche, on placera le n° 116, puis à droite le n° 115.

[3] *Acad. des Inscriptions, comptes rendus des séances*, 1891, p. 221-224.

[4] *Épigraphes hébr. et grecques sur des ossuaires juifs inédits*, dans *Revue archéologique*, 1883, p. 257-272. Comp. ci-dessus, p. 10.

« Paix », final fréquent des épitaphes; mais il est plus probable qu'ici, pris isolément, c'est un nom d'homme, ou plutôt de femme = Σαλώμη, nom déjà contemporain d'Hérode. Ce qui fait pencher en faveur de cette dernière interprétation, c'est que l'ossuaire a un couvercle triangulaire; or l'on a observé que, très fréquemment en Palestine, les ossuaires et les sarcophages à couvercle triangulaire étaient destinés à des femmes.

Sur la première épigraphe grecque de ce groupe, le lapicide avait d'abord écrit ΚΟΚΟϹ; puis il a ajouté un Ρ en surcharge; ce que le même savant lit : Κρόκος, mot, dont la signification étymologique est « safran », et il cite comme similaire un ossuaire du mont du Scandale, où on lit : קרקס. Nous sommes d'avis, jusqu'à preuve du contraire, de lire *Corcos*, parce que ce nom subsiste encore, sous cette vocalisation, dans l'onomastique juive actuelle.

Enfin, une épigraphe en deux lignes, incomplète à gauche par uite d'une fraction du monument, donne ces mots :

[Ἰω]σήπου πενθεροῦ [? Δρ]όσου.

De Joseph, beau-père (*ou* gendre) (?) de Drosos.

La lecture du second nom, Δρόσος, est en partie conjecturale, par suite de la cassure. Il correspond au nom romain *Drusus*. C'est ainsi qu'Hérode Agrippa Ier avait donné ce nom à l'un de ses fils, mort avant d'avoir atteint l'âge d'homme(1). On le retrouve encore dans le Talmud de Jérusalem(2), mais légèrement déformé ou aramaïsé : דרוסא, דרוסה, דרוסאי.

10. Hypæpa.

A Odemisch, voisine des ruines d'Hypæpa en Lydie(3), se trouve une inscription, que M. Salomon Reinach a également publiée avec commentaire, dans les termes suivants(4) :

« Les caractères de l'inscription sont grêles et atteignent la hau-

(1) Josèphe, *Antiquit. jud.*, XVIII, v, § 4.

(2) *Tr. Sabbat*, I, paragraphe final, fol. 4a; tr. *Yôma*, IV, § 4, fol. 41d.

(3) Voir, sur ces ruines, Texier, *Asie Mineure*, 1862, p. 248 et suiv. Quelques inscriptions d'Hypæpa ont été publiées par Texier dans le Μουσεῖον τῆς Εὐαγγελικῆς Σχολῆς (Smyrne, 1873), p. 114, 125, 129. Un Βουλευτὴς τῆς Ὑπαιπηνῶν πόλεως est mentionné dans une inscription de Thira (Marseille, 1876), p. 115.

(4) *R. É. J.*, t. X, 1885, p. 74-76; *Chroniques d'Orient*, 1re série, p. 161-162.

teur de o m. o55. Ils appartiennent à une époque assez basse, vraisemblablement à la fin du IIe ou au commencement du IIIe siècle après J.-C. — Nous n'avons reçu aucun renseignement touchant la forme du marbre sur lequel est gravée cette inscription; il paraît d'ailleurs, d'après l'estampage, n'être plus intact. Mais l'inscription est certainement complète et se lit aisément :

Ἰουδαίων νεωτέρων.

« L'existence d'une communauté juive à Hypæpa n'était encore attestée par aucun monument. Celui-ci était probablement une dédicace, où l'emploi du génitif s'explique par l'ellipse d'ἀνάθημα ou de δῶρον[1].

« Ces νεώτεροι paraissent avoir formé une classe à part dans la population juive d'Hypæpa. Une inscription de Chios[2] nous a conservé une liste de vainqueurs à des concours gymniques. Les ἔφηβοι y sont divisés en trois sections : les νεώτεροι, les μέσοι et les πρεσβυτέροι. Dans un catalogue agonistique de Téos[3], on trouve une répartition analogue des jeunes gens : νεωτέρας ἡλικίας, μέσης ἡλικίας, πρεσβυτέρας ἡλικίας. Ainsi, les νεώτεροι formaient une division ephébique, celle des *juniores*, qui avait ses exercices et ses concours distincts[4]. On peut admettre que la dédicace d'Hypæpa émane des éphèbes νεώτεροι appartenant à la race juive. Cette admission des étrangers à l'éducation nationale de l'éphèbe n'a rien de surprenant : on trouve dans les inscriptions éphébiques d'Athènes la mention d'éphèbes de Berytus[5], de Sidon[6], de Thespies[7], de Sicyone[8], etc.

« Bien que le mot νεώτεροι éveille naturellement l'idée des divisions en usage dans l'éphébie, il est néanmoins possible qu'il désigne simplement les *Judæi juniores*, par opposition aux *seniores*, πρεσβύτεροι, sans qu'il soit nécessaire de supposer qu'ils aient fait partie de l'éphébie. Νεώτεροι et νέοι paraissent avoir été des termes

(1) FRANZ. *Elementa epigraphices græcæ*, p. 332.

(2) *C.I.G.*, n° 2214.

(3) *Ibid.*, n° 3088.

(4) Cf. COLLIGNON, *Quid de collegiis Epheborum apud Græcos, excepta Attica, ex titulis epigraphicis commentari liceat* (P., 1877), p. 69.

(5) DUMONT, *Essai sur l'éphébie attique* (P., 1875), t. II, inscr. V, l. 120.

(6) *Ibid.*, inscr. XX, l. 121, 123.

(7) Inscr. V, l. 121.

(8) Inscr. V, l. 113; VII, l. 105.

synonymes[1]; à l'époque impériale, sans doute sous l'influence du latin *juniores*, l'usage du comparatif au lieu du positif prévalut. Il est fait mention d'un *πρεσβύτερος Ἰουδαῖος* dans une inscription de Korykos en Lydie par M. l'abbé Duchesne, et publiée par M. Thédenat dans le *Bulletin de la Société des antiquaires de France* (1881, p. 225). Comme elle a pu passer inaperçue dans un recueil qui enregistre tant de découvertes diverses, nous croyons bien faire de la reproduire ici :

ΘΗΚΗ (Chandelier à sept branches.) (Chandelier à sept branches.)
ΕΥϹΑΜΒΑΤΙΟΥ
ΙΟΥΔΕΟΥ ΠΡΕϹΒΥΕΤΡΟΥ
ΜΥΙΕΘ ΟΥ

« La lecture du dernier mot est incertaine ; le reste de l'inscription se transcrira comme il suit :

Θήκη Εὐσαμβατίου Ἰουδαίου πρεσβυτέρου.

« Elle a été relevée sur un sarcophage, et paraît, d'après la forme des caractères, appartenir au IVe ou au Ve siècle. »

11. Salonique. — Athribis.

En outre, M. Reinach a vu à Salonique, en août 1880, l'inscription suivante, découverte près de la ferme dite de Kalamaria :

Μημόριον Ἀβραμίου καὶ τῆς συνβίου αὐτοῦ Θεωδότης

Tombeau d'Abraham et de son épouse Théodote.

Ce texte appartient à une très haute époque, comme le prouve le signe employé pour *ου* à la fin de la première ligne, ȣ, qui ne paraît guère avant le règne de Septime Sévère. Μημόριον est une forme assez fréquente dans les épitaphes d'époque chrétienne[2]. On trouve aussi *μεμόριον*[3], *μνημήριον*[4] et *μνημόριον*[5].

[1] Comparez ces deux phrases : *Τῶν νέων καὶ τῶν πρεσβυτέρων τὰ ἤθη τοιαῦτα* (Aristote, *Rhétorique*, 3). — *Θαυμάζω δὲ τῶν πρεσβυτέρων εἰ μηκέτι μνημονεύουσι καὶ τῶν νεωτέρων εἰ μηδενὸς ἀκηκόασι* (Isocrate, *Symm.*, p. 161 A).

[2] *Revue des Sociétés savantes*, 1858, n°s 8, 11, 14, 82, 84, 86 ; Rossi, *Roma sotteranea*, II, p. 455, n. 4.

[3] Rossi, *Inscriptiones ineditæ*, I, p. 21.

[4] *Bulletin de correspondance hellénique*, II, p. 162.

[5] *Bulletin*, I, p. 395.

Le même écrivain signale[1] « deux inscriptions qui font connaître l'existence d'une communauté juive à Athribis (Égypte), sous un des Ptolémées, probablement sous Ptolémée V Épiphane, mort en 181. Dans le premier de ces textes[2], Ptolémée, fils d'Épicyde, surveillant des gardes, et les Juifs d'Athribis consacrent un lieu de prières (προσευχή) au Dieu Très Haut (ὑψίστῳ). On sait par Aristéas que Ptolémée Ier arma trente mille (?) Juifs et leur fit tenir garnison dans ses places fortes; il est vraisemblable que les φυλακεῖται d'Athribis et leur chef appartiennent à cette gendarmerie sémitique, dont l'organisation aura été maintenue par les successeurs des premiers Ptolémées. — Une προσευχή juive d'Alexandrie est mentionnée dans une inscription bilingue de cette ville, qui a été acquise par le musée de Berlin[3] ».

12. Schedia.

Dans une autre localité du même pays, sur l'emplacement de l'ancienne Schedia, non loin d'Alexandrie, une inscription du même genre a été découverte, et M. Théodore Reinach l'a publiée[4], à l'effet de démontrer « la date de la colonie juive à Alexandrie ». Ce texte constate la consécration d'un temple en l'honneur de Ptolémée et de sa sœur la reine Bérénice. Ce doit être Ptolémée III Évergète (247-222 av. J.-C.).

Grâce aux recherches du même épigraphiste, reproduisons un des textes analogues à *Magnésie du Sipyle*[5] :

Στράτων Τυράννου
Ἰουδαῖος ζῶν τὸ μνη-
μεῖον κατεσκέασε (*sic*)
ἑαυτῷ καὶ γυναικὶ
καὶ τέκνοις.

Straton fils de Tyrannus, le Juif, a construit, de son vivant, ce tombeau pour lui, pour sa femme et pour ses enfants.

(1) *Revue archéologique*, 1889, t. II, p. 138; *Chroniques d'Orient*, 1re série, p. 579.

(2) *R. É. J.*, 1888, t. II, p. 235 ; *Bulletin de correspondance hellénique*, t. XIII, p. 179, 279.

(3) *Ephemeris epigraphica*, t. IV, p. 23.

(4) *R. É. J.*, t. XLV, p. 161-164.

(5) Μουσεῖον, 1878, p. 46, n° σξη'.

Iasos en Carie. — Un Juif métèque, c'est-à-dire étranger domicilié dans cette ville, est nommé dans une inscription publiée par MM. Le Bas et Waddington (*Inscriptions d'Asie Mineure*, commentaire, p. 96, n° 294). Il est désigné par ces mots : Νικήτας Ἰάσονος Ἱεροσολυμίτης.

Germa en Galatie. — Inscription publiée par M. Ramsay, dans le *Bulletin de correspondance hellénique*, VIII, 1883, p. 24 :

Μνῆμα εἰερ[ὸν ...] ὑπειανῶνος?
Εἰακαῶϐ.......νου ἀθανα...
κὲ Ἐσθήρας

L'inscription est en fort mauvais état; mais les noms de Jacob et d'Esther suffisent à attester l'existence, inconnue jusqu'alors, d'une communauté juive à Germa.

Enfin, une inscription qui est actuellement au Musée Britannique, en provenance de Laconie, a été publiée par M. Newton, *British Museum inscriptions* (Londres, 1883), p. 9, n° CXLIX. La voici :
Κυραπαντώ θυγάτηρ Μαρωνίου (chandelier à sept branches).
La présence du chandelier atteste que l'inscription est juive[1].

13. Beyrouth.

En explorant le territoire de Byblos, aux environs de Beyrouth[2], Ernest Renan a relevé une inscription, en lettres assez barbares, sur une plaque de marbre bien conservée, à la Maison des Jésuites, ayant 40 centimètres carrés. C'est l'épitaphe d'un Juif que l'on peut lire ainsi :

Τόπος διαφέρω-
ν Σαμουήλου υἱ-
οῦ Σαμουήλου σ-
ιρικαρίου. Κανδέ-
δας υἱὸς καὶ Δ-
εϐωρᾶς. Δ.

Lieu (sépulture) appartenant à Samuel fils de Samuel ouvrier. Kandedas son fils et Debora. D...

(1) Cf. *C. I. G.*, n° 9903 et 9923.

(2) *Mission de Phénicie*, dirigée par Ernest Renan (1864-1868), t. II, chap. IV, p. 348.

La valeur du Δ (à l'avant-dernière ligne) — dit l'explorateur — n'est pas claire. Voir Bosio, *Roma sotterranea*, p. 192. Mais le sens est que Candédas (peut-être pour *Candidatus*) et Débora ont élevé le monument.

L'expression *μνῆμα διάφερον* ou *θήκη διαφέρουσα*, pour désigner le tombeau, est assez commune à Jérusalem [1]. Le mot *τόπος* lui-même avait pris à peu près le sens de « tombeau », surtout dans le grec de Palestine [2]. Les mots *locus* et *loculus* ont le même sens, surtout dans l'archéologie chrétienne [3]. *Τόπος* reparaît non loin de là.

Σιρικάριος est un iotacisme pour *σηρικάριος* « ouvrier en soie [4] ». Le commerce de la soie est donc bien ancien à Beyrouth. On en teignait beaucoup à Tyr.

De son côté Waddington, qui avait copié ce texte dès 1861, l'a publié dans son recueil des inscriptions de Syrie [5]; il a lu, à la 3e ligne, *σιρησαρίου*, en observant que ce mot est corrompu de *σηρικάριος*, et, pour le Δ final, il déclare ne pas en connaître le sens.

14. Arnaut-Keui.

Une inscription juive, en caractères grecs, a été découverte en 1890 dans une localité appelée Arnaut-Keui (village des Albanais), en Bithynie, et, d'après un fac-similé, M. Théodore Reinach a publié ce texte [6] qu'il a fait suivre d'une double transcription en

(1) Saulcy, *Voyage autour de la mer Morte*, t. II, p. 321 et suiv., pl. XL; T. Tobler, *Jerusalem's Topographie*, II, p. 254 et suiv.; Kraft, *Die Topographie Jerusalem's*, pl. nos 1, 2, 3; Kennedy Baylie, fasc. iii, p. 135 et suiv. Cf. Waddington, explication des *Inscriptions* de Le Bas, n° 467, et *Comptes rendus des séances de l'Académie des Inscriptions*, 1867, p. 248-249.

(2) Voir Schleusner, *Lexicon Novi Testamenti*, IV, p. 1146 et suiv; *C. I. G.*, nos 632, 3015b, 3813, 4432e, 5200b, 5922; Le Bas, *Inscr.*, III, 1425, 1485, 1506; *Revue archéol.*, juin 1869, p. 457; Diedrich, *Zwei sidonische Inschriften*, p. 16.

(3) Voir Martigny, *Dictionnaire des antiquités chrétiennes*, aux mots *fossor* et *loculus*; De Rossi, *Roma sotterr.*, I, p. 195-196; Mommsen, *De collegiis et sodaliciis Romanorum*, p. 93 et suiv.

(4) Voir Waddington, *Édit de Dioclétien établissant le maximum*, chap. xvi, n° 54. — Cf. לובשי סיריקון du Talmud, tr. *Haghiga*, 16 b, tr. *Kidushin*, 32 a.

(5) P. 443, n° 1854c.

(6) *R. É. J.*, t. XXVI, p. 167-171.

lettres minuscules, l'une littérale, l'autre correcte : dans celle-ci, il a résolu les abréviations de l'original, ajouté les accents et rétabli l'orthographe classique.

Ενθαδε κατακητε Σανβατις υγος Γερωντηου Πρ^{s} γραματευς Κ^{s} αιπησ7ατις τον παλεον, Ηρινη.

C'est-à-dire :

Ἐνθάδε κατακεῖται Σανβάτις, υἱὸς Γεροντίου πρ(εσβυτέρου), γραμματεὺς, καὶ ἐπιστάτης τῶν παλαιῶν. Εἰρήνη.

Ici est couché Sanbatis, fils de Gerontios, *Presbyteros*, scribe et président des Anciens. Paix.

« L'origine juive de notre texte, dit M. Th. Reinach, est attestée, non seulement par son contenu et par la formule terminale *Εἰρήνη*, qui traduit l'hébreu שלום, mais aussi par la présence des symboles caractéristiques, le chandelier à sept branches et le rameau de palmier.

« L'orthographe barbare, à laquelle nous ont habitués d'ailleurs les inscriptions funéraires juives de cette époque, témoigne d'une prononciation déjà très voisine de celle des Grecs actuels. Le lapicide emploie indifféremment *ει* pour *ι*, et *ι* pour *η*; *αι* s'échange avec *ε*, *ο* avec *ω*. Les consonnes doubles sont supprimées (*γραματεύς*). On notera particulièrement la graphie *υγος* pour *υἱὸς*, intéressante pour l'histoire du *gamma* intervocalique; c'est la première fois, si je ne me trompe, qu'on la rencontre : une inscription chrétienne d'Assos avait déjà fourni *ὑγειοῦ* pour *υἱοῦ*.

« Le nom du défunt se lit *Σανβάτις*, fils de *Γερόντιος*. *Σανβάτις* est une forme nouvelle d'un nom dont on avait déjà rencontré des variantes dans les textes ou les inscriptions. . .

« Tous ces noms propres, auxquels correspond la forme hébraïque *Sabbataï*, dérivent évidemment du nom du Sabbat, et c'est par la synagogue qu'ils ont passé dans l'Église primitive. Le remplacement du double B par le groupe NB ou MB, que l'on constate dans les formes *Σανβάτις*, *Σανβάτιος*, *Σάνβατος* (?), *Εὐσαμβάτιος*, est un phénomène fréquent dans les idiomes sémitiques. C'est ainsi que le fameux fleuve intermittent, que Josèphe (*B. Jud.*, VII, 5) appelle *Σαββατικός*, est désigné dans le Midrasch (*Bereschith Rabba*, chap. 2) sous le nom de סמבטיון, *Sambation;* ou encore (*ibid.*, chap. 73) סנבטיון, *Sanbation*. La même forme se trouve dans le Talmud de Jérusalem, tr. *Sanhedrin*, chap. x, § 6, fin (fol. 29[c]).

« Le nom du père, *Gerontios*, a une physionomie tout hellénique : il dérive de la racine γερών « vieillard ». Il est à remarquer que ce nom ne se rencontre pas à l'époque classique; on ne le voit apparaître qu'à l'époque chrétienne, soit dans les inscriptions (*C. I. G.*, n°s 9148 et 9804)[(1)], soit dans les textes; il est porté notamment par un général de l'empereur Honorius (Olympiodore de Thèbes, § 16 = *F.H.G.*, IV, 59). On le trouve aussi dans la littérature talmudique : il est question d'un médecin juif appelé *Bar Ghiranti*, contemporain de R. Jérémie, c'est-à-dire au milieu du IV[e] siècle (T. de Jérus., *Béça*, I, 7, fol. 60[c])[(2)]. D'après cela, on serait tenté de voir dans Γερόντιος l'équivalent d'un nom hébreu ou araméen ayant la même signification. L'araméen סבא (*saba*) est employé en Babylonie, non seulement comme épithète distinctive, mais aussi comme nom propre[(3)].

« Les titres ou dignités que nous rencontrons dans notre inscription sont au nombre de trois : πρεσβύτερος, γραμματεύς, ἐπιστάτης τῶν παλαιῶν. Γραμματεύς « écrivain », qui dans l'épigraphie classique a le sens de secrétaire ou greffier, est ici l'équivalent de l'hébreu סופר[(4)]. C'est le terme consacré dans le langage du Nouveau Testament pour désigner ceux qui sont versés dans l'étude de l'« Écriture », c'est-à-dire de la Loi. Le titre de γραμματεύς a fini par se confondre avec celui de Rabbi, « mon seigneur », qui n'était à l'origine qu'une appellation honorifique, employée en adressant la parole aux lettrés, aux docteurs de la Loi. Le terme grec figure fréquemment dans les inscriptions funéraires juives de Rome, datant du IIe au IVe siècle de l'ère chrétienne[(5)]. On voit que les Juifs de la région byzantine en avaient également conservé l'usage.

L'expression très curieuse ἐπιστάτης τῶν παλαιῶν se rencontre ici pour la première fois. On ne saurait douter que, sous ce terme

(1) Le fragment romain (Kaibel, *Inscr. Sicil.*, 1519), où on lit seulement ΓΕΡΟΝΤΙΟ, me paraît être également de provenance chrétienne.

(2) L'équivalence גירנטי = Γερόντιος est signalée par Zunz (*Namen der Juden*, *Gesam. Schriften*, II, 8). Elle m'a été indiquée par M. Clermont-Ganneau.

(3) Cf. ci-dessus, I, § 3, p. 20.

(4) Pour ce titre, voir N. Slouschz, *Revue hébraïque*, I, p. 97-103.

(5) Garrucci, *Cimeteri degli antichi Ebrei... Vigna Randanini*, p. 42, 46, 47, 54, 55, 59, 61. Du même, *Dissertazioni archeologiche*, II, 165 (n°s 20, 21) et 182 (n°s 21).

assez poétique de *παλαιοί*, on ne doive reconnaître les « anciens », זקנים, de la communauté, beaucoup plus ordinairement désignés sous les noms de *πρεσβύτεροι*, ou *γερόντες* [1]. Si le lapicide s'est servi de cette expression insolite, c'est peut-être par un scrupule de lettré, pour éviter la répétition du mot *πρεσβύτερος*, employé quelques lignes plus haut [2]. Quant au mot *ἐπιστάτης*, il se rencontre plusieurs fois dans l'Évangile selon saint Luc, dans le sens de « maître, rabbin », en parlant à Jésus [3]; mais ce n'est évidemment pas dans cette acception que l'a pris l'auteur de notre inscription. Ἐπιστάτης, qualifié par le génitif qui suit, ne peut signifier, d'après l'étymologie et l'usage, que « président ». C'est en ce sens qu'on disait à Athènes : *ἐπιστάτης τῶν προέδρων*, *ἐπιστάτης τῶν πρυτάνεων*, pour chef ou président du bureau de l'assemblée du peuple, chef ou président des Prytanes (commission de permanence du sénat). Dès lors, l'*ἐπιστάτης τῶν παλαιῶν* de notre épitaphe n'est autre que le président des Anciens, le chef de la *γερουσία* (conseil, sanhédrin) de la communauté juive dont Arnaut-Keui occupe le site (à moins, ce qui est toujours possible, que l'inscription n'ait été transportée d'ailleurs). Ce fonctionnaire est ordinairement désigné à Rome et à Naples sous le titre de *γερουσιάρχης*; à Venouse, sous celui de *γερουσιάρχων* [4]. Il ne doit pas être confondu avec l'*ἀρχισυνάγωγος*, dont les fonctions étaient exclusivement relatives au culte, tandis que les Anciens et leur président s'occupaient de tous les intérêts matériels de la communauté et, en particulier, de l'administration financière et judiciaire. Je ne connais aucun texte qui nous donne l'équivalent hébreu du titre de gérousiarque; on peut conjecturer ראש זקנים.

« Le sigle Πρς donne lieu à une petite difficulté. La résolution de l'abréviation n'est pas douteuse : c'est une des plus communes dans l'épigraphie grecque tardive [5]. Mais on peut hésiter entre les lectures *πρ(εσβύτερος)* et *πρ(εσβυτέρου)*. Dans la dédicace juive de Smyrne (*C. I. G.*, n° 9897), la même abréviation, employée dans

(1) Philon chez Eusèbe, *Præp. evang.*, VIII, 7, 13.

(2) Il aurait pu écrire *γερόντων*. Peut-être a-t-il évité ce nom à cause du nom propre *Γερόντος*.

(3) Saint Luc, v, 5; viii, 24 et 45; ix, 33 et 49; xvii, 13. Cf. Schürer, *Geschichte*, II, 257-258.

(4) Schürer, II, 517, notes 106-108.

(5) Cf. Salomon Reinach, *Traité d'épigraphie grecque*, p. 234.

deux lignes successives, doit s'interpréter, la première fois par le nominatif, la seconde par le génitif. Si je me suis décidé ici pour la seconde interprétation, c'est par des raisons tirées du contexte. Le mot πρεσβύτερος, fréquemment employé dans la littérature évangélique, désigne les membres ordinaires, soit du sanhédrin de Jérusalem, soit des petits sanhédrins locaux [1], en d'autres termes, les anciens. Il est donc exactement synonyme du mot παλαιός, employé à la fin de notre inscription. Or il n'est pas raisonnable de supposer que le même personnage soit désigné, à la fois, par le titre de « sénateur », et de « président du sénat »; la fonction la plus importante, qui suppose et absorbe le degré inférieur, doit seule être mentionnée. Nous en conclurons que l'abréviation Πρς doit se traduire ici par πρεσβυτέρου : Gerontios, le père, était simplement un « ancien », un membre du conseil local; son fils arriva à la dignité de président du même conseil. Notons, en terminant, que le titre de πρεσβύτερος figure très rarement dans l'épigraphie juive, sans doute parce que la qualité de simple membre du conseil paraissait trop peu importante pour être commémorée dans une épitaphe. M. Schürer observe [2] qu'on ne l'a pas rencontrée une seule fois dans les inscriptions juives de Rome; aux deux seuls exemples qu'il en ait cités d'autre provenance — l'un de Smyrne (*C. I. G.*, n° 9891), l'autre de Korykos (*R. É. J.*, X, 76) — s'ajoutera désormais celui d'Arnaut-Keui. »

15. Tell-el-Yehoudiah.

Explorant une nécropole gréco-romaine à Tell-el-Yehoudiah, en Égypte, composée de tombes taillées dans le roc, M. Naville [3] a recueilli une longue épitaphe grecque mutilée et d'autres inscriptions funéraires qui rappellent les noms de Juifs hellénisés.

ΜΙΚΚΟϹ ΝιΘΑΝεωϹ
ΠΑϹΙ ΦΙΛι ΧΡΗϹΤι ΑωΡε
ΧΑΙΡε ωϹ ετωΝ Λε
ΛΙε ΦΑωΦΙ ΙΔ
ιΛιΑΖΑΡε
ΑωΡε ΧΡΗϹΤε
ΠΑϹΙ ΦΙΛι

(1) Saint Luc, vii, 3 : πρεσβύτερος τῶν Ἰουδαίων (à Capernaüm).
(2) *Geschichte*, II, 518.
(3) *The Academy*, 23 avril 1887.

D'autres noms, dit M. S. Reinach[1] en reproduisant ce texte, comme CΑΛΑΜΙC.ΒΑΡΧΙΑC, peuvent aussi bien avoir été portés par des Juifs. M. Naville est disposé à croire que le nom de cette localité, Tell-el-Yehoudiah, est l'écho d'un fait historique confirmé par les épitaphes qu'on y recueille. Avec M. Brugsch, il pense qu'elle marque le site de la ville donnée aux Israélites par Ptolémée Philométor.

16. Udena (Uthina).

A Henchir Alacion dans le voisinage d'Udena, en Tunisie, M. Dubos a trouvé une inscription votive sur autel, en trois langues, latine, grecque, punique, expliquée devant l'Académie des Inscriptions et Belles-Lettres, par MM. Ph. Berger et R. Cagnat[2]. A droite, sur toute la hauteur, la pierre est ébréchée. Les 7 lignes suivantes sont lisibles :

Q . M A R C I . .
P R O T O M A C V S . .
FACTA . T . M . COS . M . .
ΚΟΥΙΝΚΤΟC ΜΑΡΚΙΟ . .
ΜΑΚΟC ΗΡΑΚΛΕΙΔΟ . . .
....תית נקינטא מערקי פרט
רפא שת שפט מעבדמלקרת ואדנב

Comme l'indique la partie latino-grecque, l'autel est dédié par un certain Quintus Marcius Protomachus. Ce nom a pour correspondant punique les mots קינטא מערקי פרט. . ., et le dernier mot a été complété par M. Berger en פרטמקא. Le même hébraïsant, après avoir comblé la lacune initiale par les mots [המזבח ז]ת, traduit le tout comme suit :

Cet [autel] a été offert par Quintus Marcius Protomachus, médecin, l'an du sufète ʾAbd Melqart et Adanib[ʾaal].

Le C est dur, comme *Qu* = ק. A est rendu par ע. Pour la désinence *us*, il y a la lettre א, et pour *ius*, un י.

[1] *Revue archéologique*, 1887, t. II, p. 106-107; *Chroniques d'Orient*, I, p. 381.

[2] *Comptes rendus des séances*, série IV, t. XXVII (1900), p. 48-54; Mark Lidzbarski, *Ephemeris für semitische Epigraphie*, t. I, p. 43-44, n° 14.

Dans la partie latino-grecque, M. Cagnat supplée à l'adjectif *facta* le substantif *ara*, et il complète le dernier nom propre au génitif : Ἡρακλείδο[υ], de sorte qu'il suppose là présent le nom du père du donateur. Il est d'avis d'attribuer ce texte au milieu du Ier siècle avant l'ère chrétienne.

17. KASYOUN (GALILÉE).

Kasyoun, dit Renan [1], est un point important pour les antiquités juives. On pourrait être tenté de l'identifier avec קשיון de Josué, XIX, 20; XXI, 28; I *Chron.*, VI, 57, et il s'autorise de l'avis de Gesenius, s. v. קשיון et קדש, pour déclarer net que ce mot est ici une faute de copiste. Mais cela est impossible, ajoute-t-il; notre Kasyoun est sûrement le קאסיון des Juifs du moyen âge qui n'a pas de correspondant biblique [2].

Il a de beaux restes d'une synagogue bâtie sur un terre-plein élevé, surplombant un étang; parmi les débris se trouve une inscription assez fruste [3]. La pierre sur laquelle l'inscription est gravée n'est qu'épannelée : elle est bien plus grossière que les matériaux de la synagogue; elle est sûrement postérieure à la construction de cet édifice. La voici :

	Ὑπὲρ σωτηρίας των κ[υρί-
καὶ	*ων ἡμῶν αυτοκρατόρω[ν*
Ἰουλίας	Καισάρων, Λ. *Σεπ7. Σεουή[ρου*
Δομνης	Εὐσεϐ. Περτ. Σεϐ. *καὶ* M. Αὐρ. Ἀ[*ντωνε-*
Σεϐ.	*ίνου*, [*καὶ* Α. Σεπ7. Γ]*έτα, υἱῶν αὐ*[*τοῦ, καὶ προσ-*
	ευχῆς Ἰουδαίων.

Le nom de Geta est gratté, comme cela a lieu presque toujours, surtout en Syrie [4]; trois lettres sont encore visibles, de même que ce nom est martelé dans une inscription à Fatka, فتقة, petit village dans la montagne, à une forte heure à l'est, région de Byblos [5].

Léon Renier a restitué et complété ce texte. Dans son commen-

(1) *Mission de Phénicie*, livre IV, chap. VI, p. 773-777.

(2) CARMOLY, *Itinéraires de la Terre sainte*, p. 455.

(3) Porter a vu l'inscription, mais ne l'a pas copiée. Robinson n'a pu la retrouver : *Bibl. Researches*, III, p. 363.

(4) Voir *C. I. G.*, n° 1217; WETZSTEIN, n° 109.

(5) RENAN, *op. cit.*, livre II, chap. IV, p. 327.

taire, il dit quels étaient les noms officiels du fils aîné de Septime Sévère.

Quant à la date de l'inscription, on peut la déterminer avec assez de précision. La place que l'épithète CEB occupe dans l'inscription, après les noms de Sévère et avant ceux de ses fils, prouve que, lorsque cette inscription a été gravée, Sévère portait encore seul le titre d'Auguste, et qu'elle est antérieure, par conséquent, au 15 octobre 198, date du plus ancien monument connu, où ce titre soit donné à Caracalla (1). D'un autre côté, on peut être certain qu'elle a été gravée après le commencement de l'année 196, puisque Caracalla y est compris sous la dénomination générale de *αὐτοκράτορες Καίσαρες* et qu'alors il reçut le titre de Cæsar. Donc, l'inscription a dû être gravée à la fin de l'an 197, après les premières victoires remportées par Septime Sévère, dans sa deuxième guerre contre les Parthes.

Très probablement, il y avait à droite du grand texte un pendant aux petites lignes de gauche, cerclées d'une couronne de lauriers : elles devaient contenir, dit L. Renier, quelque chose comme ceci :

KAI
CTPATO
ΠΕΔΩΝ

Καὶ σἱρατοπέδων « et des légions », ou plutôt « et des camps », *et castrorum* (2). En effet, en 197, après avoir vaincu Albin, Septime Sévère revient en Orient, écrase les Juifs insurgés dans les cantons voisins de la Palestine (198). Le monument de Kasyoun est l'indice de la terreur laissée par la dureté de ce Romain.

Un passage du Talmud (tr. *Sota*, fin) relate les calamités qui fondirent sur la Galilée à la suite de la guerre de Sévère. Il ne fallut sans doute pas moins que la terreur de ce moment, pour faire taire l'horreur des Juifs pour les inscriptions votives (3). Peut-être voulaient-ils prouver par là qu'on les calomniait en prétendant qu'ils ne faisaient point de vœux *ὑπὲρ σωτηρίας* de l'empereur. Une inscription très ressemblante à la nôtre, datée de l'an 209, se lit à Harran, dans la Trachonitide (4).

(1) Voir Borghesi, *Œuvres*, t. III, p. 268.
(2) Voir Tillemont, *Histoire des Empereurs*, III, p. 50, 457.
(3) Philon, *Legatio ad Cajum*, § 38.
(4) Waddington, n° 2460.

18. Mantinée [1].

Parmi les inscriptions de Mantinée publiées par M. Gust. Fougères [2], le n° 27 nous intéresse ici. Voici ce petit texte :

(η)
Αὐρ. Ἐλπίδυς
πατὴρ λαοῦ
διὰ βίου, δῶρον
το(ῦ) προναοῦ
τῇ Συναγωγῇ.

Il figure sur un cippe rond, en marbre blanc, trouvé devant une chapelle en briques, au sud-ouest du théâtre de cette ville. « Le titre de *πατὴρ λαοῦ*, dit cet helléniste, est tout à fait inusité en épigraphie grecque... D'autre part, les dédicaces et épigraphes judéo-grecques, réunies par Boeck à la fin du *Corpus*, présentent plusieurs fois un titre analogue. Ainsi, n° 9897 : *πρ(εσβύτερος) καὶ πατὴρ τοῦ στέμματος*, c'est-à-dire *τῆς φυλῆς*, d'après Bœckh; n° 9904 : *πατὴρ συναγωγῆς Ἐλαίας, ἐτῶν ἑκατῶν δέκα*; n° 9905 : *πατρὸς συναγωγῆς Καμπησίων Ῥώμης*; n° 9908 : *Μνασίας μαθητὴς σοφῶν καὶ πατὴρ συναγωγῶν*; n° 9909 : *πατρὸς συναγωγῆς Αἰβρέων*. Les Hébreux, semble-t-il, décernaient le titre de *πατὴρ* au plus ancien de la tribu, ou de la synagogue, et le mot אב « père » entre dans la composition des mots qui désignent le chef ou président du conseil, ou du tribunal, par exemple *Ab beth din*, un des plus usuels. Le titre encore inédit, si je ne m'abuse, de « père du peuple », appartient à la même catégorie; mais je ne saurais en indiquer l'équivalent sémitique.

« Ce qui suit achève de démontrer l'origine juive de notre inscription. Le *πρόναος* offert à la *συναγωγή* indique clairement que cette dernière est une communauté religieuse. Le mot *συναγωγή* se rencontre sur la plupart des inscriptions judéo-grecques provenant des communautés juives : il désigne la communauté elle-même [3]. Tel est, à n'en pas douter, le cas pour le texte qui nous

[1] Aujourd'hui Goritza, en Arcadie.

[2] *Bulletin de correspondance hellénique*, t. XX, 1896, p. 115-166.

[3] S. Reinach, *Bulletin de corresp. hellénique*, t. X, 1886, p. 330. En général, voir Schürer, *Gemeindeverfassung*, p. 19; Th. Reinach, *Textes d'auteurs grecs et latins relatifs au Jud.*, p. 126 n.

occupe. Les bienfaiteurs des synagogues rappelaient leurs libéralités envers leurs coreligionnaires, à l'aide des mêmes formules que les évergètes des synodes des Grecs. Ainsi, sur une inscription d'Acmonia de Phrygie, un *διὰ βίου ἀρχισυνάγωγος* énumère les constructions qu'il a élevées à ses frais [1]. Un autre, à Égine, a bâti une synagogue, « depuis les fondements », *ἐκ θεμελίων* [2]; un autre, enfin, à Phocée, a bâti pour la synagogue un *οἶκος* et le péribole de l'hypètre, ou cour extérieure [3]. Le mot *πρόναος* employé dans notre inscription ajoute un élément nouveau à ce qu'on sait sur la disposition des temples judéo-grecs.

« Ce mot paraît à la fois confirmer et infirmer la définition de M. Renan, d'après qui les synagogues étaient des salles et non des temples [4]. Il la confirme, en nous montrant la synagogue primitive de Mantinée, dépourvue de pronaos avant les travaux d'Aurelius Elpidès; il la dément, au moins dans ce cas particulier, en nous laissant entrevoir le plan idéal qu'on essayait de réaliser [5].

« Sur l'apparition assez étrange d'une communauté juive à Mantinée, l'histoire de la ville ne me fournit aucun renseignement. La date ne saurait être fixée à plusieurs siècles près; car Mantinée se survécut à elle-même jusqu'à l'arrivée des Slaves, qui la peuplèrent sous le nom de Goritza, tandis que les habitants de race grecque allaient fonder une nouvelle Mantinée sur le golfe de Messénie. »

En reproduisant cette intéressante notice [6], M. Israël Lévi ajoute quelques mots pour rectifier seulement certains détails : « Il n'est pas du tout prouvé que le titre de *pater* fût décerné au plus ancien de la tribu ou de la synagogue. Il eût été, dans ce cas, inutile de nommer *à vie* le plus ancien. Ce terme, en réalité, est communément pris pour le correspondant de l'hébreu ראש « chef », et *πατήρ*

(1) Communication de M. Ramsay, S. Reinach, *Chroniques d'Orient*, 1888², p. 530.

(2) *C. I. G.*, n° 9894. Sur l'expression *ἐκ θεμελίων*, voir l'inscription d'Épigoné, l. 44.

(3) S. Reinach, *B. C. H.*, t. X, 1886, p. 328; ci-dessus, p. 45.

(4) *Mission de Phénicie*, p. 765.

(5) L'édifice grec près duquel j'ai retrouvé cette inscription était en fort mauvais état et construit de matériaux grossiers, moellons et briques. Il paraissait avoir été converti en chapelle byzantine.

(6) *R. É. J.*, t. XXXIV, p. 148-149.

συναγωγῆς, qui équivaut à Ἀρχισυνάγωγος, répond exactement au ראש הכנסת. Ce titre désigne le président de la synagogue, non de la communauté [1]. En hébreu, « père du peuple » se rendrait par אבי עם; mais cette expression n'est, à ma connaissance, jamais employée. Puisque *père* traduit dans ces appellations l'hébreu ראש, il est peut-être permis de voir dans *πατὴρ λαοῦ* l'équivalent de ראש הקהל « chef de la communauté », ou ראש עם, ריש עמא « chef du peuple », dont il est parlé dans tr. *Soucca*, 38[b]. »

A ce propos, M. Théodore Reinach a communiqué la note suivante [2] : « Je pense que le prénom Aurelius nous reporte presque avec certitude au IIIe siècle de l'ère chrétienne. Ce prénom a été généralement adopté par des *pérégrins* que l'édit de Caracalla (Aurelius Antoninus) avait transformés en citoyens romains. »

19. Syrie.

a. Ascalon. — Au Musée de Beauvais, M. Seymour de Ricci a lu une épitaphe grecque, qu'il a transcrite et complétée en ces termes [3] :

Θ[εοῖς] Κ[αταχθονίοις]. Ἰαμουρ Ἀσάμου Σύρος Ἀσκαλωνείτης Παλαιστείνη ἀδελφὸς Ἀντωνείνου στρατιώτης χόρ[της] η' πρ[αιτορίας].

C'est, dit l'interprète, une épitaphe haute de 0 m. 44, large de 0 m. 22. Elle provient, semble-t-il, de Rome, où elle se trouvait au siècle dernier, *in casa del sig. abb. Chaupy, francese.*

Analysant ce texte, M. Clermont-Ganneau [4] propose de couper différemment la succession des lettres qui composent le nom propre et il préfère lire : Ἰαμούρας Ἄμου, lecture rejetée par Lidzbarski [5].

b. Sous le titre de « Une nouvelle dédicace à Zeus Héliopolite »,

(1) Voir Schürer, *Geschichte d. jüd. Volkes*, I, II, p. 540; Vogelstein und Rieger, *Gesch. d. Juden in Rom*, t. I, p. 42 et suiv.
(2) *R. É. J.*, loc. cit.
(3) *Revue archéologique*, série III, t. XXXV (1899), p. 117, n° 30.
(4) *Recueil d'archéol. orientale*, III, § 58, p. 347 et suiv.
(5) *Ephemeris*, I, p. 216, n° 92.

M. Clermont-Ganneau [1] lit et complète ainsi l'inscription Waddington, n° 2556 :

> [Δὶ Μεγίσ?](ῳ Ἡλιο)πολί[τ]η, Γάϊο[ς]
> Τειμο?]θέου, ‹ε›(ἱε)ρεὺ(ς)· ἐγένετ(ο τό)
> [δε] διὰ ἐπιμελετῶν Ἀϐιδϐήλου
> ....δέου κὲ Ζήνωνν[ος] Ἰασλάμο
> υ] ἐκ τὰ τοῦ Θεοῦ κὲ τῆς κώμης.

Il résulte de cette lecture que Ἀϐίδϐηλος = עבדבעל, et Ἰάσλαμος = يسلم. A quoi Lidzbarski ajoute : « Le nom ישלם se trouve dans les inscriptions minéennes. » Enfin dans le mot incomplet ... *δέου* (l. 4), on peut, par conjecture, voir Ἀϐδέος = Ἀϐδαῖος = עבדי.

c. Le même archéologue consacre une étude aux inscriptions publiées par Sterret, *The Wolfe Expedition to Asia Minor* (*Papers of the American school*, etc., vol. III). Pour le commencement du n° 626, il propose de lire Ζε(δ)αγ(ά)θη au lieu de Ζέ(α) ἀγ(α)θή, afin d'y voir l'équivalent du sémitique זדקת. De même, d'après lui, le n° 631 doit être lu : Μνημ(ε)ῖον Ἀδεου Μαρωνίου. Dans ces noms, on retrouverait ainsi les termes אדי et מרון.

d. Dans les inscriptions grecques de Palestine et de Syrie, M. Clermont-Ganneau relève les noms sémitiques [2]. N° 1 : Βορίχ[ου], c'est-à-dire בריך. N° 4 : au lieu de ΣΑΝΑΘ ΦΕΛΛΟΥ lu précédemment, il vaut mieux lire ΣΑΝΑ(ΟΣ) ΟΦΕΛΛΟΥ, et identifier ΣΑΝΑ avec שנא (*C. I. S.*, II, p. 500, n. 1). Puis, dans l'inscription de Sadad, n° 762, p. 748, il voit les mots Ζεϐεῖδος Αὔθου, c'est-à-dire זבידא בר עותו (selon le résumé de Lidzbarski, *Ephemeris*, I, n° 96, p. 217).

e. Dans le récit de voyage de M. R. Brunnow, M. Clermont-Ganneau relève les inscriptions grecques du Haourân [3] : le n° 6, de Gerâs, nomme un certain Ζαϐδίων Ἀρισ?ομάχου ἱερασάμενος Τιϐερίου Καίσαρος. Comme parallèles de Ζαϐδίων, on note מלכיון, Μαλχίων et Ἀζιζίων (Waddington, 2413o), dont la finale *ίων* est probablement grecque, sans méconnaître la désinence araméenne ין.

[1] *Recueil*, IV, § 5, p. 48-51.
[2] *Recueil*, IV, § 13, p. 78.
[3] *Ibid.*, n° 93, p. 217, en note.

N° 10, même localité : [διὰ] ἐπιμελητοῦ [Διον]υσίου Ἀϐϐαίου. Ce dernier peut répondre à un nom comme עבי, qui serait comme עבא une forme causative de עבד.

N° 19, de Derat : Ἀϐούϐάθη ἔτ(ων) δ'. M. Clermont-Ganneau propose de juxtaposer à ce nom le sémitique אבבא, ainsi que Ἀϐαϐάθη (*Recueil*, I, 19). Pour Ἀϐουϐάθη, Lidzbarski (1) propose de renvoyer à Ἀϐουϐος, حبطا du Ier livre des *Macchabées* (XVII, 11 et suiv.), et pour Ἀϐαϐάθη, à حباية (*Tadj el Arouss*, I, 197).

N° 21 : Ἀμασσημία Κόσφου, à rapprocher des noms עבסמיא et ברסמיא. Il se peut que Ἀμάσσημία soit une forme grécisée de אמתשמש. Au lieu de Κόσφου, faut-il lire Κοέφου, en songeant au Κόαιφος (Renier, n° 1820) ?

N° 24 : ΑΖΙΖΕΟϹΑΙΔΑϹΥΑ. Brünnow coupe ce mot en Ἀζίζεος Αἰδασυλ. Il faut peut-être lire Ἄζιζος Σαιδᾶ, correspondant à עזיזו et צידא.

N° 25 : Ζαννάθη. Ce mot, peut-être incorrectement transcrit, ne semble pas être complet au commencement. On pourrait y trouver la racine זבן ; mais il semble trop violent à Lidzbarski de corriger ce mot en Μεζαϐϐάθη = מזבתא.

N° 28 : Αὔδης, de عوذ ou أود (Ibn Doreid, p. 245). Prætorius (2) voit dans עודה (3) un « hypokoristikon » = עבדא, עבדי. Il existe un nom moderne Audo (lexicographe), qui paraît être nestorien, d'autant qu'en syrien oriental la transition de *ab* en *au* est de règle.

N° 29 : Ὀμευάθη = Ὀμαινάθη (Waddington, 2203b) = אמינת.

N° 30 : Μαλεχάθη Αὐσάλλου = מליכת ברת אושאלה.

N° 32 : Ὀμεάθη Θεάδου Σαίους. — Ὀμεάθη = أميّة, ici un nom de femme s'il ne faut pas lire Ὀμε(ν)άθη. M. Clermont-Ganneau propose de corriger la suite en Θειμαδουσάρους.

N° 39, de Bosra : Ἀνάηλος Θαίμου. Le premier nom laisse voir aisément ענהאל, plutôt que חנאל. — Θαῖμος = تيم.

(1) *Ephemeris*, I, p. 218.
(2) *Zeitschrift. d. deut. morgenl. Gesellschaft*, t. LIII, p. 16.
(3) Glaser, 618, n° 37.

Nº 41, de Es-Sueidah : *Χάλιππος Ὀδαινάτου.* — Le premier nom dérive peut-être de خلف, mais il est influencé par les noms grecs se terminant en *ιππος.* — *Ὀδαίνατος* avec *τ*, comme dans *Χαμράτη*. Comparez aussi *Ὀϐαίσατος* = עבישת (Waddington, 2364).

Nº 46 : *Χάαμμος Γεαρήλου* = כעמו בר גראל. Dans le pendant de ce texte (Waddington, 2105), il y a *Γαιρήλου*. Dans כעמו, observe M. Clermont-Ganneau, on retrouve le nom كعمة, et dans בהנה le mot كجّة.

Nº 47 : *Σάδος Χαάλου* = سعد بن خال. Le second mot est peut-être corrompu : *Χαάμου.*

Nº 51 : *Δαρῖος Ἀγμάμου.* Le second mot, peut-être estropié, dériverait de *Αγμάλου.*

Nº 53 : *Πόντιοι Οὗρος κὲ Γάφαλος υἱὸς Γαφάλου.*

Nº 54 : *Ποντ[τιόι] Ἀλέξανδρος Βερενικιανοῦ καὶ [Γά]φαλος Διοδότου καὶ Ἄδδος Μά[λχου] καὶ Μάξιμος Ἀδδου καὶ Αἶλαμος Μαλχου.* — *Οὗρος* = حور.

Nº 57 : *Ακα[ϐα]ῖος Χασέτου.* Le premier nom est à rapprocher de עקבי, à comparer avec בלעקב, עתעקב. Dans le second nom, M. Clermont-Ganneau voit le mot כשטו = קשטו, identification que M. Lidzbarski déclare peu probable.

Nº 58 : *[Ῥ]αϐϐηλος Ἀδ[δου].*

f. Pendant le voyage accompli par Jules Euting en Syrie et en Arabie[1], durant les années 1883-1884, cet orientaliste a recueilli 130 inscriptions et fragments d'inscriptions. M. l'abbé Chabot[2] établit la concordance de ces textes avec le *Corpus* et son *Répertoire*, pour tout résumé des deux séries ainsi recueillies. Dans celles-ci, il suffit — en vue de notre cadre — de noter les nºs 68-69, donnant des inscriptions hébraïques datées des premiers siècles, et les numéros 70-97, puis 115-129, contenant des inscriptions grecques.

(1) *Epigraphische Miscellen* (mit 7 Tafeln), dans : *Sitzungsberichte der K. preuss Akademie der Wissenschaften zu Berlin*, 1885, p. 669-688. — Zweite Reihe (mit 5 Tafeln), *ibid.*, 1887, p. 407-422.

(2) *R. E. S.*, I, nº 387, p. 312-313.

20. Kefr Nebô.

En recherchant les antiquités de la Syrie du Nord[1], M. Victor Chapot a découvert un grand nombre d'inscriptions grecques. Parmi elles, on remarque celle qui a été trouvée à Kefr Nebô[2], lieu situé à l'est-nord-est de Kalaat Sem'ân, au delà du village de Bassiphan. L'épitaphe est de l'an 272 de l'ère d'Antiochus = 223 après J.-C. Elle traite de la dédicace d'un moulin à huile avec ses accessoires, à trois divinités indigènes :

> *Σειμίῳ καὶ Συμβετύλῳ καὶ Λέοντι πατρῴοις τὸ ἐλαιο⟨τ⟩τρόπιον σὺν κατασκευῇ πάσῃ ἐκ τῶν θεῶν προ[σ]όδων διὰ Νομερίου καὶ Βερίωνος καὶ Δαρείου. . .*

Le *Λέων* de ce texte n'est parvenu aux honneurs divins qu'à titre de porteur, ou support, de la déesse Simi, d'où est sorti un masculin Simios, comme le démontrent MM. Chapot et Dussaud dans leurs *Notes de mythologie syrienne* (p. 113). Il a son pendant dans רכב — אל du *Ṣam'al* voisin. Il a peut-être aussi figuré comme porteur de la pierre sacrée, conformément à la vieille tradition que des lions portent les dieux.

Le nom Kefr Nebô vise le culte du dieu babylonien en cette localité, sans pouvoir tirer parti de cette désignation pour prétendre que c'est l'origine du nom masculin de Simi. Le nom a pu survivre sur place et lui rester affecté, quel que soit le Panthéon dont il provient.

NOMS GRÉCISÉS.

a. Dans la *Revue biblique*[3], le P. Ronzevalle étudie « quelques monuments de Gebeil Byblos et de ses environs ». Le socle contient une dédicace grecque au dieu Hypsistos, où l'on remarque le surnom d'un homme : Μάρθας = מרתא (mot qui d'ordinaire est féminin = maîtresse). — Le même religieux[4] a découvert, dans

[1] *Bulletin de correspondance hellénique*, t. XXVI (1902), p. 161-208.
[2] Pour cet endroit et ses ruines, voir Clermont-Ganneau, *Études*, II, p. 52 et suiv.
[3] T. XII (1903), p. 404-410.
[4] *Revue archéol.*, 1903, II, p. 29-49.

le sanctuaire de Balmarcod sis au Deir el-Qala'[1], un autel avec dédicace latino-grecque. Subsidiairement à ce texte, il revient à parler de la déesse Sima, qu'il cherche ingénieusement à identifier avec la ܣܝܡܝ (Simi) du Pseudo-Meliton, la אשימא de Hamath (I *Rois*, XVII, 30) et Semiramis[2].

b. Dans le rapport sur sa *Mission dans les régions désertiques de la Syrie Moyenne*[3], M. Dussaud a trouvé bien des noms sémitiques devenus grecs. Ainsi, n° 56 (p. 259), au Melah es-Sarrân : *Σαῖος Θάννο[υ]ρα*. Ce nom a pour souche תנורא « four », c'est-à-dire « chaud, brûlant ». — N° 72 (p. 264), à Ech-Chouraihi : *Ὀϐϐη ἀδελφή... καὶ Φασαιέλη γυνή*. Le second nom est un féminin de *Φασαέλος* = פציאל. — N° 116 (p. 279), à Sabha : *Σαϐῖνος Σιμέου*. Il se peut, conjecture Lidzbarski[4], que le second nom soit la forme grécisée de שִׁמַּי, abrégé du biblique שמעון.

c. Dans le Haouran, au printemps de 1904, M. R. Savignac a recueilli des textes grecs et latins, et parmi eux il donne[5] une épitaphe de la nécropole juive à Jaffa, pierre qui appartient maintenant au baron Ustinow, ainsi conçue : *Μημόρι(ον) Μενισσῆ υἱοῦ Ἀϐϐί* = מנשה בר אבי.

d. Au Musée d'Alexandrie, M. Seymour de Ricci a lu[6] sur un socle de colonne le texte suivant : *Εὐχὴ Ἰουλιανοῦ Εἰσὰκ Ἀϐϐίϐου εὐλογητοῦ*. C'était évidemment un Juif, nommé יצחק בר חביבא, qui avait pris pour nom vulgaire, pour *cognomen*, le nom de Julien, peut-être celui de l'empereur régnant.

e. Un fragment très mutilé d'épitaphe à Tibériade a été lu et commenté par J. Gildemeister, d'après un dessin de Frei, ainsi complété :

...*ζή[σαν]τα ἔτη οε' Σ[αλ]ώμην ἀδελφὴν ζήσασαν [ἔ]τ[η] κϐ' νύμφην*.

Ce texte, dont le commencement et la fin manquent, est intéressant pour l'onomastique du Ier siècle[7].

(1) Dans le Liban, près de Béryte.
(2) Cf. Clermont-Ganneau, *Recueil*, VI, p. 41.
(3) Avec la collaboration de Frédéric Macler, *Nouv. Archives des Missions scientifiques*, t. X (P., 1903).
(4) *Ephemeris*, II, p. 332.
(5) *Glanures épigr.*, dans *Revue biblique*, nouv. série, II (1909), p. 93-97.
(6) *Comptes rendus de l'Acad. des Inscr.*, 1905, p. 157.
(7) *Zeits. d. deut. Pal. Vereins*, t. XI, p. 38.

Le même savant, peu avant sa mort, a lu une épigraphe placée au-dessus de la porte en pierre du tombeau situé près l'église Saint-Étienne à Jérusalem, au nord de la porte de Damas. On suppose, — si la lacune du milieu est exactement comblée, — que c'est le premier hémistiche du *Ps.* XCI, 1 :

ὁ κατοικῶν ἐν βο[ηθείᾳ τοῦ ὑψί]σ7ου.

Celui qui siège à l'abri du Très-Haut.

Après cette publication posthume[1], le professeur H. Guthe donne l'épigraphe qui se trouve dans la chapelle du canal de Siloé, lue par A. Papadopoulos :

. . . ἐκτίσθη τὸ ἱερὸν Ἰσαΐα προφήτου

. . . a été fondé le sanctuaire du prophète Isaïe.

21. Hébron.

En 1873, un Grec domicilié à Tebriz, M. Pissas, a transmis au Syllogos grec de Constantinople un calque de la copie d'une inscription grecque, prétendue trouvée à Hébron. Comme les publications de cette société, qui contiennent cette inscription ne sont accessibles qu'à un nombre restreint de lecteurs, le Dr J. H. Mordtmann à Péra avait pris soin d'envoyer un double de ce calque à la *Zeitschrift des deutschen Palästina Vereins*[2], en y joignant cette observation, tirée de la lettre d'envoi de M. Pissas : « Cette inscription a été transcrite par un Persan; elle se trouve sur un tombeau, dans un lieu désert, distant de Jérusalem d'environ huit heures. Les musulmans considèrent cette tombe comme étant celle du patriarche Abraham. »

La forme des lettres et le style rappellent singulièrement l'épitaphe judéo-chrétienne provenant de la Palestine, publiée par Euting dans ses *Mélanges épigraphiques*[3]. M. Mordtmann a lu et relu ce texte si curieux; aussi, à la suite d'un premier déchiffre-

(1) *Op. cit.*, t. XIII, p. 233.

(2) T. XII, p. 132; sujet repris avec d'amples rectifications au tome XVII, p. 207-208.

(3) *Akademie der Wissenschaften*, histor.-philol. Klasse (Berlin), 1885, p. 669 et suiv.

ment effectué sur une copie mal venue, d'autres indications lui ont été fournies, se référant l'une au recueil de Le Bas-Waddington[1], l'autre à la copie d'un dessin, envoyée de Saint-Pétersbourg par M. Papadopoulos Kerameus, d'après un calque au crayon dessiné par le mutesarrif de Jérusalem en 1889. Ces deux copies ont permis à M. Mordtmann de reconstituer ce texte en ces termes :

Ἅγιε Ἀϐραάμ βοήτει τὸν δοῦλον σου Νῖλον τὸν μαρμαράρι(ο)ν καὶ Ἀγαθήμερον καὶ Ὑγίαν καὶ Ὠμαϐίς -?- καὶ Θωμασίαν καὶ Ἀϐλαλα καὶ Ἀναστασίαν.

Dans cette succession de noms propres, dont les uns sont bibliques et d'autres sont chrétiens, on est frappé de la présence d'un nom grécisé représentant le mot יום טוב = *Ἀγαθήμερον*, assez fréquent chez les Juifs du moyen âge, et le prénom arabe Abdallah, à peine déformé ici en *Ἀϐλαλα*. On peut lui comparer le nom *Εὔνομος* = שם טוב, que le P. Paul Séjourné a lu sur un mur avant d'entrer dans l'église au milieu du village de Qanaouat, dans le Haouran[2].

22. Ex-voto à Shekh Berekât.

Lors de sa visite au Djebel Shekh Berekât, l'*American archæological expedition to Syria*, 1899-1900, a copié de nouveau les ex-voto dédiés à *Σελαμάνης* et à *Μάδϐαχος*, ajoutant à ces textes quelques fragments nouveaux qu'elle a découverts. Wm. K. Prentice publie et examine ces textes[3]. Dans le Bordj Bâkirḥa, localité sise à l'extrémité septentrionale du Djebel Bârischa, à une journée environ au sud du Djebel Shekh Berekât, on a trouvé le texte inédit suivant :

Διὶ Βωμῷ μεγάλῳ ἐπηκόῳ Ἀπολλώνιος καὶ Ἀπολλοφάνης καὶ Χαλϐίων οἱ Μαρίωνος τὸν πυλῶνα ἀνέστησαν ἔτους ἀπὸ ἐποικίου μείθου ἔτους θσ' Γορπιαίου.

[1] *Inscriptions de l'Asie Mineure*, partie VI, section II, n° 1905. Le texte avait été copié dès 1866, par le marquis de Bute, dans la grande mosquée de Hébron, à l'angle nord-est de la nef orientale, sur une tablette insérée dans le mur et qu'on dit avoir été tirée du caveau sous la mosquée.

[2] *Revue biblique*, t. VII, 1898, p. 108.

[3] *Die Bauinschriften der Heiligthums auf dem Djebel Shekh Berekat*, dans *Hermes*, t. XXXVII (1902), p. 91-120.

Déjà précédemment, M. Clermont-Ganneau avait reconnu dans le mot Μάδβαχος le sémitique מדבחא « autel ». Prentice et Littmann, que M. Lidzbarski rappelle[1], se joignent à cette opinion, confirmée par M. Clermont-Ganneau dans son article *Le Zeus Madbachos et le Zeus Bomos des Sémites*[2], et à son identification entre ces deux appellations. Toute probable que celle-ci soit, la signification de Μάδβαχος comme *autel* peut reposer sur une étymologie populaire ultérieure[3]. Il est possible qu'à l'origine il y ait là une autre source, peut-être phénicienne, dit M. Lidzbarski (*ibid.*), et il ajoute : Χαλβίων est une extension morphologique de كلب, comme Ἀζιζίων de عزيز, Μαλχίων de ملك.

23. Palmyre.

Sur une tablette encastrée assez haut, sur un grand tombeau du Wadi el-Qebour[4], se trouve une inscription bilingue; le texte grec a cinq lignes; le palmyrénien n'en a que quatre. La quatrième ligne donne la date : « au mois de Nissan de l'an 394 », sous-entendu de l'ère des Séleucides, soit l'an 83 de l'ère chrétienne. M. l'abbé J.-B. Chabot a lu, complété et transcrit le texte grec[5] :

Τὸ μνημεῖον καὶ τὸ σπήλαιον ᾠκοδόμησ[αν
Σάβεις Νεβουζάβαδος Θαιμαῖος καὶ Νεβούλασο[ς(?)
Β]ηλσούρου Αἰράνου τοῦ Βηλσούρου τοῦ Γαδδαρ[ά-
θ]ου τοῦ ἐπικαλουμένου Βαά· εἴς τε ἑαυτο[ὺς καὶ
υἱ]οὺς [καὶ] ἐκγόνους. Μηνὶ Ξανδικῷ τοῦ [δϟτ' ἔτους.

Cette transcription est accompagnée d'un ample et savant commentaire justificatif, basée sur une copie de M. Bertone.

Le même savant combine les deux textes, grec et palmyrénien,

(1) *Ephemeris*, t. II (1908), p. 81. Cf. Chabot, *Notes d'épigraphie*, § vii, p. 135-136.

(2) *Recueil*, IV, § 28, p. 164 et suiv.

(3) C'est l'avis d'Isidore Lévy, *Cultes et rites syriens dans le Talmud*, article paru dans la *R. É. J.*, t. XLIII, p. 203 et suiv.

(4) Selon les termes de Waddington, *Recueil*, etc., n° 2612. Cf. Émile Bertone, dans le récit de voyage écrit par M. Eugène Guillaume, *Revue des Deux Mondes*, 15 juillet 1897.

(5) *Notes d'épigraphie et d'archéologie orientale* (P., 1898), p. 53-65, n° 19.

de la neuvième inscription du recueil de M. Bertone, et il reconstitue la partie grecque en ces termes (*op. cit.*, p. 70-71) :

Μαλὴν Ἰαριβολέους τοῦ Βωρεφᾶ τοῦ Μαλίχου τοῦ Ὀδαινάθου...

[Cette image est] celle de Malé, fils de Yarḥibola, fils de Borrepha, fils de Malikou, fils de Odeinat...

Il est bon de noter deux inscriptions similaires, dans les mêmes parages, mais qui malheureusement sont plus mutilées que les deux documents précédents (*op. cit.*, n° 27, p. 75-81, et n° 29, p. 82-86).

A Palmyre également, en avril 1904, on a trouvé un fragment d'une plaque de marbre, portant une inscription bilingue, mutilée en haut. Son propriétaire, M. Spœr, a reconstitué la partie sémitique déficiente[1], à l'aide d'un texte congénère un peu plus complet. Voici la partie grecque qui donne les noms propres manquants d'autre part :

ΑΒΒΑΘΑ ΚΑΙ ΑΓΓΑΘ ΡΑΒΒΗΛΟΥ ΤΟΥ ΕΙΑΘΟΥ ΕΥΞΑΜΕΝΟΙ ΑΝΕΘΗΚΑΝ.

D'autres textes bilingues, palmyrénien et grec, remontant les uns au Ier siècle de l'ère chrétienne, le dernier à l'an 265 de J.-C., sont reproduits et commentés à plusieurs reprises, particulièrement dans le *Répertoire d'épigraphie sémitique*, t. II, p. 184-194, nos 810-819. Il suffit de renvoyer à cette publication, qui donne toutes les références antérieures.

24. Erjish.

Comme spécimen des inscriptions en Phrygie, M. Salomon Reinach cite[2] celle qui se trouve dans le village turc d'Erjish, relative à Julia Severa. Celle-ci, dit ce savant, « était une personnalité importante d'Acmonia, sous le règne de Néron; elle est mentionnée par des mémoires et par des inscriptions... Nous

[1] *Journal of American oriental Society*, t. XXV (1904), p. 314-319. Cf. Lidzbarski, *Ephemeris*, II, p. 313; Clermont-Ganneau, *Recueil*, VII, p. 346; *R. É. S.*, II, p. 125-126, n° 719.

[2] *Revue archéologique*, 1898, 2e semestre, p. 226; *Chroniques d'Orient*, 1re série, p. 503-504.

rencontrons encore une famille Julia Severa à Acmonia et à Ancyre : sur les monnaies d'Acmonia, Julia Severa et Servenius Capito sont associés de telle sorte qu'on est disposé à admettre entre eux quelque lien de parenté... Les deux familles étaient-elles juives? Cette hypothèse me paraît plausible. De même, en effet, que certaines monnaies sont datées par la mention de Julia Severa et de Servenius Cornutus, une inscription porte les mots *ἐπὶ Ἰουλίας καὶ Σευήρας καὶ Τυρρωνίου Ῥάπωνος*; or, comme ces deux derniers personnages sont des Juifs, au témoignage de l'inscription citée plus haut, il est vraisemblable que les deux premiers le sont aussi.

« Tiberius Julius Severius, consul vers 140, descendant de rois et de tétrarques, appartient probablement à la même famille que Julia Severa. ...En résumé, je pense que nous avons là deux familles riches et nobles, l'une et l'autre de race judaïque, se mariant avec des personnes de même descendance, et remontant ou croyant remonter aux vieilles maisons royales, les rois et les tétrarques de la Palestine. Ils sont cependant citoyens romains, et appartiennent, les Servenii à la tribu Aemilia, les Julii à la tribu Fabia. »

Dans son voyage en Terre-Sainte, le P. Paul-M. Séjourné raconte [1] qu'après avoir traversé le petit village de Berfilya, au bout de trois heures de marche, depuis El-Lathroum, il est arrivé aux *Khirbet el-Yehoud,* magnifique nécropole, composée de vingt-quatre tombeaux taillés dans le roc, séparés les uns des autres et recouverts d'un énorme bloc monolithe. A quinze minutes plus loin, on atteint Khirbet el-Medieh, où Victor Guérin a vu la patrie et le tombeau des Macchabées; malheureusement, les paysans ont recouvert ses fouilles, qu'il serait intéressant de remettre au jour. Ces parages sont assez clairement nommés, pour ne pas donner lieu à l'abandon, et faire naître l'espoir d'autres découvertes.

GAZA.

Trois inscriptions grecques, gravées sur plaques de marbre, ont été découvertes par M. Clermont-Ganneau dès l'an 1870 à Gaza. Il a réussi à les acquérir et à les faire venir à Paris. De ces trois épi-

[1] *Revue biblique*, t. I, 1892, p. 203-204.

taphes datées; l'une présente un intérêt considérable pour la chronologie antique. En effet, elle nous permet de déterminer avec la plus entière précision le point de départ de l'ère de Gaza, qui doit être fixé au 28 octobre de l'an 61 avant J.-C. Ces trois inscriptions sont publiées dans les *Archaeological Researches in Palestine*, par M. Clermont-Ganneau [1]. Les dates des deux dernières inscriptions correspondent respectivement au 16 octobre 505 et au 5 juin 563 de l'ère chrétienne.

25. Saïda (Sidon).

a. En séance du 21 novembre 1890, M. Clermont-Ganneau a expliqué devant l'Académie des Inscriptions [2] le texte suivant, composé de six lignes gravées sur un bloc de marbre blanc, découvert peu de temps auparavant à Saïda :

ΛΔΞΗΛΙΟΔΩΡΟΣ
ΑΠΟΛΛΩΝΙΟΥΤΟΥ
ΑΠΟΛΛΟΦΑΝΟΥΣΑ
ΡΧΟΝΤΟΣΜΑΧΑΙΡΟ
ΠΟΙΩΝΘΕΩΙΑΓΙΩΙΥ
ΠΕΡΤΟΚΟΙΝΟΥ (*sic*)

L'an 64, Héliodoros, fils d'Apollonios, fils d'Apollophanès, archonte des couteliers, (a fait cette dédicace) au dieu saint, pour la communauté.

« L'an 64, dit cet archéologue, doit être calculé d'après l'ère de Sidon, qui commence en 111 avant l'ère chrétienne, ce qui donne pour l'inscription l'an 47. L'aspect général des caractères s'accorde bien avec cette date.

« Suivant la mode des doubles noms que les Sémites portaient volontiers à cette époque, le nom d'Héliodore peut répondre au nom עבדשמש « serviteur du soleil ». De même, dans une autre inscription grecque de Sidon, conservée au Musée du Louvre, Apollophanès (synonyme du nôtre) est fils d'ΑΒΔΥΣΜΟΥΝΟΣ = עבדאשמן « serviteur d'Eschmoun ».

[1] T. II (1896), p. 401, n° 2; p. 410, n° 13; p. 411, n° 15; cf. p. 424-429. Voir *Comptes rendus des séances de l'Académie des Inscriptions et Belles-Lettres*, 1903, p. 251, 328, 333.

[2] *Comptes rendus des séances*, 1890, p. 460-462.

Le nom de la divinité à laquelle s'adresse cet *ex-voto*, désignée simplement sous le vocable « Dieu saint », rappelle la prétérition du nom divin chez les Juifs : ils se contentent parfois de l'épithète קדוש « saint », telle qu'on la trouve notamment dans Ézéchiel.

b. En fouillant sous le temple d'Eschmoun près Sidon, on a trouvé en 1903 un marbre asiatique, à base mutilée de deux statuettes disparues, comportant une inscription phénicienne sur le devant et une inscription grecque sur le côté droit [1]. De celle-ci il ne reste que deux mots, et encore faut-il conjecturer des compléments initiaux.

Ζ[ήνωνος Ἀ]σκλήπιωι

La forme des lettres grecques, dit M. l'abbé Chabot [2], dénote une assez basse époque, tandis que, d'après Lidzbarski, les caractères phéniciens dénotent le IIe siècle avant l'ère vulgaire.

26. Bersabée.

Sur une plaque de marbre, qui provient de Bersabée, actuellement en dépôt dans un khan contigu au marché à chameaux de Gaza, mesurant 0 m. 64 sur 0 m. 67, le P. Paul Séjourné a lu l'inscription suivante :

Ἀπενάη ἐν Κ(υρί)ῳ Ἠλιάς
Πρόμου σκριν(ιάριος) μηνὸς
Ἰανουαρίου εἰκάδι ἰνδ(ικτιωνος) η'
ἔτους κατὰ Ἐλευθερο-
πολίτας ςυ'

S'est reposé dans le Seigneur Elie, (fils de) Promos, greffier, le 20 du mois de janvier, indiction 8e, année suivant les Eleuthéropolitains 406.

Ledit savant ajoute quelques observations : « Le nom de Πρόμος, dit-il, se rencontre dans le *De martyr. Palestinae* d'Eusèbe (x, 1). C'est le nom d'un chrétien d'Égypte, martyrisé à Ascalon avec ses compagnons Élie et Arès. Il est probable qu'on a tenu à honneur

(1) W. Fr. von Landau, *Vorläufige Nachrichten über die im Echmuntempel bei Sidon gefundenen phönizischen Alterthümer*, p. 38, n° 12; Lidzbarski, *Ephemeris*, II, p. 161.

(2) *R.É.S.*, II, p. 199, n° 827.

de porter les noms de ces personnages dans la Palestine du Sud. — Σκρινιάριος indique littéralement un employé d'un *scrinium*, ou bureau de l'administration byzantine. On trouve des *scriniarii* ou *chartularii* dans l'Officium des ducs, des préfets, des exarques, etc. Les attributions des personnages revêtus de ce titre étaient trop multiples pour savoir au juste ce qu'était Élie fils de Promos.

« La forme Εἰκάς, comme les expressions analogues, est assez rarement employée en épigraphie. L'année 406 de l'ère d'Eleuthéropolis répond à l'an 605 de notre ère, qui tombe dans la 8e indiction. »

Dans la susdite localité, le R. P. a pris l'estampage d'un fragment d'inscription, aux lettres ayant plus de 0 m. 03 de hauteur et comportant encore des traces d'encre rouge. Elle est malheureusement incomplète. Voici ce qui subsiste :

...............ΙΙΙ
...ΙΟΓΗΣΤΕΡΕ...
...ΥΝΤΕΛΕΣΤΩ...
...ΟΡΙΟΥΑΡΙΝ...
...ΡΙΟΥΠΕΤΡ...

« On ne peut pas tirer grand'chose, dit-il, de ces bouts de ligne. »

En communiquant cette note à l'Académie des Inscriptions [1], M. Clermont-Ganneau a fait remarquer combien ce fragment, si menu qu'il soit, lui paraît intéressant : « Il pourrait bien provenir, dit-il, de quelque document officiel dans le genre du rescrit impérial byzantin de Bersabée que j'ai fait connaître autrefois [2], voire de ce document lui-même. Je crois qu'il est question de contribuables, ou tributaires, συντελεστῶ[ν], (l. 3), appartenant à la Palæstina III[a] ou Salutaris, à laquelle ressortissait Bersabée. Les limites de la province sont peut-être indiquées aux lignes 4 et 5, que j'inclinerais à lire et à restituer :

.....ὁρίου Ἀριν[δήλων].....
......[ὁ]ρίου Πέτρων......

« Les génitifs ὁρίου étaient peut-être respectivement commandés

[1] Séance du 6 octobre 1905, *Comptes rendus* de cette année, p. 542. Cf. 1902, p. 345, 414, 441; 1904, p. 63.

[2] *Recueil d'archéologie orientale*, t. V, p. 131-147. Voir aussi *Recueil*, t. VII, p. 184, avec pl. II, et p. 257-284.

par les prépositions ἀπὸ τοῦ, ἕως τοῦ. — Petra était la nécropole de la Palæstina III^a, à laquelle appartenait également Arindela (1), aujourd'hui Gharandal, à une dizaine de lieues du nord-nord-est de Petra. Les limites dont il est parlé ici sont peut-être celles qui séparaient la Palæstina III^a de la province d'Arabie.

« A la ligne 3, il faut peut-être restituer :

.....[ἀ](π)ὸ τῆς Τερε[βίνθου].....

« Le Terebinthe, au nord d'Hébron, nous éloignerait quelque peu, il est vrai, de la Palæstina III^a ; mais la mention de cette localité pouvait être amenée par la teneur générale du document dont nous ignorons la nature réelle. D'ailleurs, le fait qu'on se servait à Bersabée de l'ère d'Eleuthéropolis nous montre que cette première ville, située sur les confins nord de la Palæstina III^a, avait des rapports assez étroits avec la Palæstina II^a.

« On pourrait être aussi tenté de restituer Τερέ[βων], le nom de chef arabe, ou de son petit-fils, dont la *Vie de saint Euthmye* (2) nous raconte la curieuse histoire. Mais c'est là une hypothèse trop risquée, et que ne favorise guère la présence, devant ΤΕΡΕ, du groupe ΤΗϹ, si ce groupe est bien τῆς, et non la fin de quelque mot ou nom propre se terminant en ...ιοτης. »

Dans la séance du 27 avril 1906, M. Clermont-Ganneau a communiqué, de la part du R. P. Lagrange (3), un nouveau fragment considérable de ce grand rescrit impérial byzantin. Celui-ci contient l'énumération d'une série de localités du plus haut intérêt pour la géographie de la Terre Sainte et de l'Arabie Pétrée. Il nous donne, en outre, la clef de différents sigles qui apparaissent déjà sur les fragments antérieurement connus du même rescrit et dont la valeur n'avait pas pu être encore déterminée avec certitude (4).

27. Qâtoûra (Syrie).

Revenant sur des inscriptions de cette localité, copiées par M. de Vogüé et par Waddington (5) M. l'abbé Chabot les complète et

(1) Cf. Georges de Cypre, *Descriptio orbis Rom.*, ed. Gelzer, p. 53; cf. p. 198.

(2) Ed. Migne, t. CXIV, p. 611 et suiv.

(3) *Comptes rendus*, p. 154-155.

(4) Le mémoire à ce sujet a paru dans la *Revue biblique*, même année.

(5) *Inscript. grec.*, n° 2703.

restitue ainsi [1] : ΡΑΑΙΟϹ ΑΛΥΠΕ ΧΑΙΡΕ. Le premier nom se trouve formulé רעי dans une inscription bilingue de Palmyre (Vogüé, P., n° 16). Ces mots doivent constituer la suite de la partie de gauche, composée des mots : ΑΥϹΑΛΑ ΑΛΥΠΕ. Le nom Αὔσαλα serait le correspondant littéral du nom sémitique אושאלה.

Le caractère sémitique des noms contenus dans ces inscriptions se retrouve également dans deux inscriptions voisines, dont la première se trouve au-dessous de la statue d'un enfant debout. Les voici :

ΒΑΡΑΘΗϹΑ ΛΥΠΕΧΑΙΡΕ ΒΑΡΛΑΑϹ.

ZINDJI-DÉRÉ.

A Zindji-Déré, distant de Césarée de Cappadoce à trente heures, une inscription bilingue est gravée sur un bloc de rocher taillé. Chacun des textes, grec et araméen dans un cadre, est l'un au-dessus de l'autre [2]. Après une première transcription par J. Marquart [3], la voici telle que l'a reconstituée M. Clermont-Ganneau [4] pour le grec :

Σαγγάριος Μαιάνου, σ7ρατηγὸς, Ἀριαράμ[νης]
Σ(αγγαρίου) μάγ(ος), εὐσε(βοῦντες) Μίθρῃ

Sangarios, fils de Maianès, stratège, (et) Ariaramnès fils de Sangarios, mage, faisant acte pieux, (ont dédié) à Mithra.

28. GAZA.

Une pierre encastrée dans un pilier de la grande mosquée (ancienne église), à Gaza, porte gravée l'image du chandelier à sept branches, entourée d'une rosace. Au-dessous, est une inscription bilingue, dont les caractères, dit M. Clermont-Ganneau [5], présentent une certaine antiquité : IIe ou IIIe siècle de notre ère. La voici :

Ἀνανίᾳ υἱῷ Ἰακώ חנניה בר יעקב

[1] *Notes d'épigraphie et d'archéologie orientale* (P., 1900), p. 133-134.
[2] *R. É. S.*, II, p. 98, n° 671.
[3] *Philologus*, Supplément, X, fasc. 1, p. 121.
[4] *Recueil*, VII, p. 77.
[5] *Archæological Researches in Palestine*, t. II, p. 389. Cf. ci-dessus, p. 78, et *R. É. S.*, II, p. 121, n° 710.

Le même archéologue publie [1] un fragment d'inscription bilingue, trouvée, dit-on, à Césarée en 1871. Il se compose de deux lignes grecques, et au-dessous, séparée par un bandeau orné, est une ligne hébraïque. Les voici en parties reconstituées :

. . . . (τε)ΚΝΑ   [שלום ע]ל ישראל

. . . . χιας

29. Haourân.

Le rapport sommaire sur les résultats épigraphiques de la seconde expédition archéologique en Syrie, entreprise sous les auspices de l'Université de Princeton en 1904-1905, relève 45 inscriptions latines recueillies dans le Haourân et 776 inscriptions grecques [2]. Parmi celles-ci, on a noté les mentions de divinités : Θεῷ Σόλμῳ, répondant probablement au צלם araméen, mais qu'on pourrait aussi considérer comme traduction, ou transcription, d'un nom dérivé de שלם, ou du safaïtique סלם, dit M. Clermont-Ganneau [3].

30. Athènes.

Un texte bilingue, grec et phénicien, a été découvert en 1877, dans l'île de Délos par M. Homolle [4], inscrit sur un bloc de marbre blanc, long de 1 m. 715, haut de 0 m. 43 et épais de 0 m. 44. L'inscription occupe la partie gauche de la pierre; la partie phénicienne est très mutilée, mais le texte grec, comprenant trois lignes, est presque intégral. Le voici :

ΤΥΡΟΥ ΚΑΙ ΣΙΔΩΝΟΣ
[σιχ]ΟΝΑΣ ΟΙ ΕΚ ΤΥΡΟΥ ΙΕΡΟΥ ΑΥΤΑΙ
ΑΠΟΛΛΩΝΙΑΝ ΕΘΗΚΑΝ

(1) Clermont-Ganneau, *op. cit.*, p. 147.

(2) Littmann, *American Journal of Archæology*, IX (1905), p. 404-410.

(3) *Recueil d'archéologie orientale*, VIII, p. 213. Cf. même *Recueil*, I, p. 1, 32; IV, 113; V, 21; *Comptes rendus des séances de l'Acad. des Inscriptions*, 1901, p. 681 et 692; *Revue archéologique*, 3e série, III, 1883, I, 257-276; IV, 1884, 260-280; V, 1885, 62-63; *R. É. S.*, II, p. 108, n° 680.

(4) *Bulletin de correspondance hellénique*, 1878, p. 9-10; cf. 1877, p. 226; 1878, p. 12; 1880, p. 227.

6.

Ce texte est clair : il commémore l'envoi d'une députation de Tyriens et de Sidoniens auprès d'Appolonia à Delos, chargée d'offrir au dieu un don consistant en images, *εἰκόνας*, c'est-à-dire des figurines représentant les insignes des villes de Tyr et de Sidon : c'était la *τύχη* d'Antioche [1]. Ce petit monument est conservé au Musée central de Patissia à Athènes [2].

Dans le même Musée, on conserve une autre inscription bilingue grecque et phénicienne, sur un morceau de marbre ayant une hauteur de 1 m. 40 sur une largeur qui varie entre 0 m. 40 à la partie supérieure et 0 m. 49 à la partie inférieure. L'image en relief d'un homme couché, à la tête duquel se tient un lion rugissant, est expliquée par une légende grecque de six vers en caractères minuscules, dont le premier est ainsi conçu :

Μηθεὶς ἀνθρώπου θαυμαζέτω εἰκόνα τήνδε,

Au-dessus de cette figure, une inscription bilingue, en grec et én phénicien, indique les noms du défunt et de celui qui a érigé le monument, qui, en raison de la forme des lettres grecques, est attribué au IIe siècle av. J.-C. :

ΑΝΤΙΠΑΤΡΟΣ ΑΦΡΟΔΙΣΙΟΥ ΑΣΚΑΛ[*ωνίτης*]
ΔΟΜΣΑΛΩΣ ΔΟΜΑΝΩΣΙΔΩΙΟΣ ΑΝΕΘΗΚΕ

Le texte, découvert en février 1861, près de l'église de la Sainte-Trinité à Athènes, a été publié dans le *Corpus inscr. semit.*, n° 115, avec les références y relatives [3].

Presque au même endroit que ce dernier monument, on a découvert une seconde inscription bilingue qui ressemble beaucoup à la précédente, mais avec de moindres dimensions. Voici les deux mots grecs :

ΝΟΥΜΗΝΙΟΣ ΚΙΤΙΕΥ[Σ]

Νουμήνιος = nouveau lunaire, de Citium [4].

[1] Sur une colonie de marchands phéniciens à Délos et leur culte, voir Boeckh, *C. I. G.*, n° 2271. Pour les Phéniciens en Grèce, cf. Clermont-Ganneau, *Recueil*, III, § 30, p. 142-145.

[2] Le double texte, avec commentaire, par E. Renan, est publié dans le *C.I.S.*, part. 1, Phénicie, t. I, p. 138-139, n° 114.

[3] *Op. cit.*, p. 140-141, n° 115.

[4] Le *C. I. S.*, I, n° 117, p. 143, donne toutes les références et explications utiles.

Près du Pirée, au « Péribole », on a trouvé en 1841 une pierre, qui est la propriété de M. Contostavlos. Elle est également bilingue. A l'aide de l'estampage pris par M. Salomon Reinach, le double texte a été publié dans le *Corpus inscr. semit.*, I, n° 119 (p. 145). Les trois mots grecs sont : Ἀσεπτέ Συμσελῆμου Σιδώνια.

Dans les mêmes parages, un autre cippe de marbre a été trouvé en 1831. De cet autre texte bilingue, déposé maintenant au Musée central d'Athènes, dit de Patissia, voici les deux mots grecs : E(ἰ)ρήνη Βυζαντία [1].

De plus, en 1884, on a trouvé au Pirée, près de l'endroit appelé « baie des Russes », une courte inscription, contenant — comme un des textes précités — les mots Νουμήνιος Κιτιεύς, à laquelle M. l'abbé Chabot assigne pour date le IIIe siècle avant l'ère chrétienne [2].

Enfin, des deux inscriptions bilingues à Malte, l'une est déposée maintenant au Musée du Louvre, l'autre à la bibliothèque publique de La Valette. Elles sont toutes deux littéralement conformes, sauf une légère variante dans la disposition des derniers mots [3]. Le texte grec est ainsi conçu :

Διονύσιος καὶ Σαραπίων, οἱ
Σαραπίωνος, Τύριοι,
Ἡρακλεῖ ἀρχηγέτει.

31. Alexandrie.

Dans l'antique nécropole juive d'Alexandrie, située à environ 3 kilomètres au nord-est de la ville, auprès du lieu dit El-Ibrahimiyé, non loin de la mer, le Dr Breccia a relevé deux inscriptions, que M. Clermont-Ganneau a lues.

La première ne contient que deux mots : Ἰωάννα Εὐφροσύνη. Le premier des deux noms portés par la défunte décèle suffisamment l'origine juive de celle-ci.

La seconde est ainsi conçue : Σιμοτέρα Ἡλιοδώρου, Σιδωνία.

M. Breccia écrit, avec raison, ne pas connaître Σιμοτέρα comme un nom grec, et le démotique lui semble un indice de l'origine non grecque de cette femme : est-ce que ces éléments, demande-t-il, constituent l'origine sémitique des deux premières inscriptions ?

(1) *C. I. S.*, n° 120, p. 147.

(2) *R. É. S.*, I, p. 313, n° 388.

(3) *C. I. S.*, Phénicie I, nos 122 et 122 *bis*, p. 150-152.

En effet, déclare M. Clermont-Ganneau, lors de son examen de ces textes à l'Académie des Inscriptions [1], le nom de notre Sidonienne est nouveau dans l'onomastique hellénique; mais il croit pu'on peut en expliquer sans peine la formation : c'est tout simplement le comparatif de l'adjectif *σιμή* « camarde ». On a peut-être suivi l'analogie de Φιλωτέρα, comparatif de *φίλη*, nom qui, mis à la mode par la sœur de Ptolémée II, a pu contribuer à la création en Égypte de noms morphologiquement similaires. En tout cas, si bizarre qu'il puisse paraître, au regard de nos idées modernes, le nom de Σιμή est assez fréquent et semble avoir été porté souvent par des courtisanes [2]. Peut-être avons-nous là une indication sur la condition sociale de la défunte. Il est à noter que le nom, ou plutôt le surnom de Εὐφροσύνη, porté par sa voisine de cimetière, la Juive Iohanna, avait également quelque vogue dans le demi-monde antique. — Sur cette dernière opinion du savant archéologue, toute réserve doit être faite; car il est à peine nécessaire d'insister sur l'invraisemblance d'une telle allusion irrespectueuse, gravée sur une aussi courte épitaphe.

Peu de temps après, M. Breccia a découvert au même endroit d'autres inscriptions. Dans l'une d'elles, M. Clermont-Ganneau [3] reconnaît le nom propre Ψύλλος, déjà rencontré dans une inscription de Corcyre [4]. En outre, l'onomastique biblique connaît, à l'époque du retour de l'exil, un nom d'homme פרעש (LXX : Ψύλλος) « puce, *ou* puceron ». Peut-être le choix de ce nom hellénique a-t-il été déterminé par le sens, au moins apparent, qu'il offrait, et le défunt était-il un Juif portant dans sa langue le nom quelque peu homonyme de Pharao.

32. Rome.

On sait que l'une des catacombes de Rome, sise Via Appia, hors des murs de la ville, fut exclusivement réservée aux sépultures

(1) *Comptes rendus des séances* de l'année 1907, p. 235; *Recueil d'archéol. or.*, VIII, p. 59-71, et pl. II à V.

(2) Voir un nouvel exemple dans une inscription d'Eleuthéropolis en Palestine : *Recueil d'archéologie orient.*, t. IV, p. 238.

(3) *Comptes rendus*, 1907, p. 376-378.

(4) *C. I. G.*, n° 1845. Cf. Seymour de Ricci, *Recueil*, VIII, p. 144; *R. É. S.*, t. II, p. 95.

juives durant les IIe et IIIe siècles de l'ère chrétienne; elle ne contient que des inscriptions en grec et un certain nombre en latin, où l'on trouve à peine cinq ou six fois des mots hébreux, soit le seul mot שלום « paix », soit l'expression שלום על ישראל « paix sur Israël »[1]. Des premières sortes, en grec, il y a 134 inscriptions; des secondes, en latin, il en subsiste 58; total: 192. — De même, comme nous l'apprend G. I. Ascoli, les plus anciennes inscriptions juives dans le territoire de Naples sont des épitaphes écrites en grec et en latin, dont les dates varient entre le IIIe et le VIe siècle de J.-C.

Malgré la situation maritime de Naples et quoique plus au sud que Rome, c'est la capitale italienne qui a vu arriver les premiers Juifs, de plein gré, ou amenés comme prisonniers. Par leurs épitaphes, on voit qu'ils portaient tous des noms grecs. Tels sont : Aurelios Basos, Agrippa Phouscos, Alexandros Melanchton, Alupis Ebreoi, Amelio, Ammias Ioudea, Amianos, Asclepiados, Assterias, Semproniaus, Polukarpo, Claudios Ioses, Constantinosa Nepiou, Kossoutiou, Crispeina Propiou, Eudoxios Zograf, Faustina, Ioudas Nepious, Tubias Barzaharona et Paregorius; à peine un Sabbatis[2].

33. Venosa.

Dans la Pouille, à Venosa, on a découvert en 1853 une catacombe juive, contenant plus de 40 inscriptions, tracées au pinceau en couleur rouge, les unes latines, les autres grecques, et d'autres encore en hébreu. Le bas latin de ces épitaphes est barbare, présentant toutes les corruptions de la langue populaire, et le grec n'est pas moins corrompu. On y trouve des formes déjà romaïques, ou en grec moderne; dans les fautes d'orthographe, on sent l'in-

(1) H. Vogelstein et P. Rieger, *Geschichte des Juden in Rom*, t. I, p. 70 et 459-483; *Rapport sur les inscriptions hébraïques de la France*, Introduction, p. 8. Cette référence nous permet d'écourter le présent paragraphe.

(2) Ces noms sont tirés des textes publiés dans l'œuvre précitée, où ils figurent sous les nos 1, 4, 5, 6, 8, 10, 11, 13, 14, 16, 17, 21, 23, 24, 25, 30, 31, 33, 48, 94 et 108. — Il ne sera pas question ici de l'inscription trilingue à Tortose, grecque, hébraïque et latine, suffisamment décrite dans notre *Rapport sur les inscript. hébr. d'Espagne* (P., 1907), p. 2.

fluence de la lourde prononciation que cet idiome prenait en passant dans des bouches sémitiques. Exemples :

3. ΤΑΦѠϹ
ΜΑΝΝΙΝЄϹΠΡЄϹ
ΒΙΤЄΡЄϹΤΙΓΑΤΕΡΛΟΝ
ΓΙΝΙΠΑΤΕΡΙϹΙΝΓΟΝΙΝ
ΦΑΟϹΤΙΝΙΠΑΤЄΡΙϹ
ЄΤѠ.Λ.Η.

Il faudrait lire[1] : *Τάφ(ο)ς Μαννίν(η)ς πρεσϐ(υ)τέρ(α)ς, (θυ)γάτ(η)ρ Longini patris (ἐγ)γόν(η) Fa(u)stini patris, ἐτῶν λη'.*

4. ΤΑΦѠϹ
ΑϹΗΛΟΝΟVΑ
ΑΡΧΟϹΗΝѠ
ΓΟΥΓΟΥЄΤѠΝ
ΠЄΝΤΗΝΤΑ שאלום

Texte à transcrire ainsi : *Τάφος Σιλουάνου ἀρχισυναγωγοῦ ἐτῶν πεντῆντα.* שאלום.

Le dernier nombre est déjà du grec moderne, observe F. Lenormant, et il lit le nom propre du mort : *Σιλουάνου*, supposant que le lapicide a commencé par tracer ΑϹΗΛΟVΑ en grandes lettres, puis, manquant de place, il aurait ajouté la fin ΝΟ à l'intérieur, en petites lettres.

Dans l'épitaphe n° 4, I. G. Ascoli explique (p. 52) le nom ΑϹΗΛΟΝΥΑ par Ασ(ι)ηλ Ονυα. Joseph Derenbourg n'a pas admis cette interprétation : il est vrai, dit-il[2], que le premier de ces deux noms se retrouve dans I *Chron.*, IV, 35; mais celui-ci ne se rencontre nulle part ailleurs. Il est aussi peu probable qu'on l'ait associé au nom d'Onias, qui devrait être écrit Ὀνίας; tandis que l'épitaphe 39 (p. 84) présente le nom סילני, correspondant littéralement à notre ϹΗΛΟΝΥ, abstraction faite de l'α initial et de l'α final. On retrouve le nom סילני au Talmud de Jérusalem[3].

Mais voici des particularités graphiques spéciales à ce temps. L'orthographe bizarre de שאלום et de מישכהבו indique le désir de noter la prononciation, lorsqu'on n'avait pas encore de points-

(1) Selon les reconstitutions faites par Fr. Lenormant, *R. É. J.*, VI, p. 200-207.
(2) *R. É. J.*, II, 131-134.
(3) Tr. *Schebiith*, III, 1 (fol. 34c); trad. fr., t. II, p. 346.

voyelles; c'est un mode de notation pour l'auteur de l'épitaphe qui transcrivait le grec en caractères hébreux. — Selon une hypothèse de Graetz, émise dans la *Monatschrift für Geschichte des Judenthums* (1880), les habitants juifs de l'Italie méridionale avaient été obligés d'employer le grec ou le latin sur leurs épitaphes, par ignorance de la langue sacrée. Il est plus probable, selon l'avis de Jos. Derenbourg, qu'en raison de l'idée d'impureté inhérente aux lieux de sépulture, les Juifs rédigeaient ces inscriptions dans la langue du pays qu'ils habitaient, pour éviter l'emploi de l'hébreu; ils n'eurent recours à la langue sacrée que lorsqu'ils cessèrent de savoir le grec.

La susdite catacombe de Venosa, comme il vient d'être dit, contient aussi une épitaphe en hébreu, coupée verticalement de figurations symboliques. Elle est ainsi disposée :

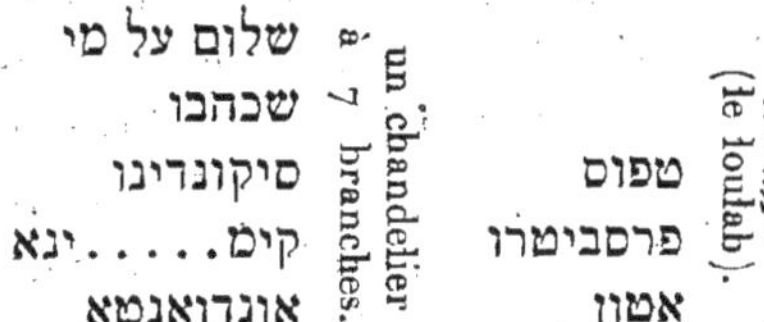

שלום על מי
שכהבו
סיקונדינו
קימ.....ינא
אונדואנטא

(un chandelier à 7 branches.)

טפוס
פרסביטרו
אטון

(le loulab).

colombe ou cédrat.

On lit aisément les deux premières lignes, en hébreu, avec cette remarque que la fin de la première ligne est à joindre au mot constituant la seconde ligne. Ce mot est mal orthographié, avec ה superflu, comme le י inutile de la première syllabe (1), placé là à titre de *mater lectionis*.

Les trois lignes suivantes, coupées au milieu par le chandelier et heureusement déchiffrées par G. I. Ascoli (2), sont conçues en langue grecque, mais écrites en caractères hébreux. En voici la transcription :

3 Τάφος Σεκουνδίνου
4 πρεσβυτέρου καὶ Μ.......ενα (3)
5 ἐτῶν ὀγδοή[κο]ντα (4).

(1) De même, les nos 3 et 4 de cette curieuse série d'épitaphes ont adopté l'orthographe amplifiée שאלום.

(2) *Iscrizioni inedite o mal note, greche..., di antichi sepolcri giudaici del Napolitano* (Roma, 1880), p. 60.

(3) Nom peut-être apparenté avec celui de la première épitaphe précitée, ligne 2.

(4) Et encore la restitution de la syllabe κο est peut-être superflue : c'est un parler vulgaire. Voir Psichari, *R. É. J.*, LXIV, 25.

L'élision de la syllabe *κο*, élision qui se retrouve dans le nombre *πεντῆντα* pour *πεντή[κο]ντα* du n° 4 de la même série [1], existait déjà chez les Anciens, au dire d'Ascoli, qui invoque Mullach, *Grammatik der griechischen Vulgarsprache in histor. Entwickelung* (Berlin, 1856), p. 180.

Le tout paraît devoir être traduit ainsi :

1-2 Salut sur sa couche !
3 Stèle de Secondino
4 ancien, et de M. . . ena
5 à l'âge de quatre-vingts ans.

34. Chalcis [2].

a. M. H. Omont, conservateur du département des manuscrits à la Bibliothèque nationale, a bien voulu nous communiquer la reproduction d'une inscription hébraïque conservée au musée de Chalcis et qui lui a été remise par M. Spiridion Lambros, recteur de l'Université d'Athènes. La pierre, jadis encastrée dans la muraille de cette petite ville, a une hauteur de 0 m. 65, sur 0 m. 44 de large et 0 m. 36 d'épaisseur. Toute la gauche, aux fins de ligne, est entamée d'une ou deux lettres (voir pl. I).

Sur les huit lignes dont se compose ce texte, nous n'avons pu lire que les mots suivants :

אמללו . . . יושבי . . . ⁀ . 1
. . א שלם . . . פפנ\ חכ . . 2
לפה אביע . . . . . בת לפנימה [יי] (ou יה) 3
לירח ניסן שנת ה'פ'ו לבריאת עו[לם] 4
למניין שאנו מונים בו פה בקהל [ת] 5
הקודש אבריפס (?) אי\אתמפל (ou יש) 6
הפהט 7
כל . . . וישלחו ישמרה ל[. .] 8

1 Sont désolés. . . les habitants. . . . .
2 . . . .
3 . . . . . fille [de roi] à l'intérieur [le. . .]
4 du mois de Nissan l'an 5086 de l'ère de la Création (= 1326),

(1) Ascoli, *Iscrizioni*, p. 53.

(2) Pour l'histoire de la communauté juive en cette ville, voir Μπόχορ Φορνής, dans Ἰσραηλιτικὴ Ἐπιθεώρησις (direct. M. Xaimi) de l'an 1912, p. 115-118.

5 selon le comput d'après lequel nous comptons ici en cette communauté
6 sainte de Euripos.....
7 ....
8 tout... et ils ont envoyé.... Préserve-la....

A la fin de la ligne 3, il semble y avoir une allusion au *Ps.* XLV, 14, qui célèbre les vertus domestiques de la femme. La dernière lettre (disparue) donnait le quantième de la date, qui correspond à avril-mai 1326.

Lignes 4 et 5. Le contexte permet de reconstituer les lettres perdues sur cette partie de bordure brisée à gauche.

Ligne 6. *Euripos* est, depuis le XIIe siècle, le nom de l'antique Chalcis, comme nous le fait observer M. Théodore Reinach, qui a bien voulu jeter un coup d'œil sur ce texte. Comme il n'y a aucune eulogie funéraire, et que seule la communauté est mentionnée, on a lieu de croire qu'il s'agit d'une dédicace ou d'une restauration de synagogue.

M. Spir. Lambros a traité la question au XVe Congrès des Orientalistes, session de Copenhague, 1908 (*Actes*, p. 75), mentionnant l'avis de M. Léon Luzzato, grand rabbin de Venise, qui lit différemment le chiffre de la date et la recule de trois siècles[1], lui assignant l'an 1623. Au lieu de הפו, il lit שפג (5)383 (= 1623).

b. Dans cette même localité, au commencement de janvier 1909, M. le rabbin Nissim Obadia Simḥa remarquait quatre vieilles épitaphes conservées dans le cimetière, et il les a transcrites; puis M. le recteur Lambros a eu l'obligeance de nous communiquer cette copie qu'il avait reçue :

זאת מצבת קבורת מעלת החכם השלם
כמו'ה'ר'ר אבשלום נ"ע שנפטר לבית עולמו
ביום חמישי לחדש אלול שנת ה'ש'נ'ו

Voici la stèle funéraire de l'excellent savant, le parfait, l'honorable rabbin maître Absalon, qu'il repose au Paradis! Il est parti pour sa demeure perpétuelle le cinquième jour du mois d'Eloul, l'an 5356 (de l'ère de la Création = 28 août 1596).

On remarquera l'absence de formules hyperboliques et de rémi-

(1) Voir le mémoire publié à ce sujet par M. LAMBROS, dans ses **ΛΟΓΟΙ ΚΑΙ ΑΝΑΜΝΗΣΕΙΣ ΕΚ ΤΟΥ ΒΟΡΡΑ** (Athènes, 1909, in-12), sous le titre de : *Ἡ ἐν Κοπενάγῃ ἀνακοίνωσίς μου περὶ τῶν Ἰουδαίων ἐν Ἑλλάδι...* (p. 147-153).

niscences bibliques, constamment employées dans les textes des siècles précédents, donnant par contre en toutes lettres et clairement la date précise du décès.

c.

מצבת קבורת המעטרת מרת
מלכה תנצבה בת אברהם שאלתיאל נ"ע
נפטרה ביום שני לחדש אדר שנת השס"ג

Stèle funéraire de la distinguée[1] dame Malca (= Reine), que son âme soit englobée dans le faisceau de la vie (supérieure)! fille d'Abraham Schaltiel, qui repose au Paradis; décédée le deuxième jour du mois d'Adar l'an 5363 (= 12 février 1603).

Après le prénom de la défunte, vient la formule d'eulogie usitée dans les épitaphes. Il est vrai que, d'une façon presque constante, cette formule se trouve à la fin du texte; mais il se peut que la présente exception soit justifiée par l'emploi d'une autre eulogie funéraire, qui suit le nom mentionné du père.

d.

1 מצבת קבורת הגביר הוקם על
2 אשר אין בו מעל הנבון ונעלה
3 כה"ר אליה אברהם משאלוניקי ז"ל
4 נפטר ביום שישי לחדש אדר שנת ה'ש'ע'ג

Stèle funéraire érigée[2] pour celui qui est sans défaut, le valeureux[3], intelligent et supérieur, l'honoré maître Elie Abraham de Salonique, d'heureuse mémoire; décédé le sixième jour du mois d'Adar, l'an 5373 (= 26 février 1613).

Ligne 1. Littéralement : « . . . de l'homme qui a été élevé en haut. »

Ligne 3. Le dernier mot est une eulogie bien courte, mise peut-être pour rimer avec les lignes 1 et 2.

e.

מצבת קבורת הנבון והרפא
כ'ה'ר אליהו הלוי ז"ל
שנפטר לבית עולמו
ביום חמשה עשר לחדש אב שנת ה'ת'ה

Stèle funéraire de l'intelligent médecin, l'honorable maître R. Elie Halévi, d'heureuse mémoire. Il est parti pour sa demeure perpétuelle le quinzième jour du mois d'Ab, l'an 5405 (= 6 août 1645).

(1) Littéralement : « la couronnée » (de vertu); allusion à son prénom.

(2) Allusion à II *Samuel*, XXIII, 1. Cf. *Rapport sur les inscriptions hébraïques de l'Espagne*, p. 79.

(3) L'équivalent הגביר est placé plus haut.

35. Thèbes.

MM. Ezio Schulhoff et Jean Hatzfeld, membres de l'École française d'archéologie à Athènes, ont eu l'obligeance de nous communiquer des inscriptions hébraïques qu'ils avaient découvertes au cours de leurs recherches. M. Keramopoulos, ancien éphore (conservateur directeur) du Musée de Thèbes, a bien voulu prendre l'estampage d'une première épitaphe, puis l'expédier à Paris. Depuis lors, il nous a été donné de pouvoir la lire sur place, en même temps que d'autres textes de ces parages.

a. Dans un mur de soutènement des terres voisines de Thèbes, sur la rive occidentale du petit ruisseau de la Wranesis, est encastrée et posée de travers une épitaphe hébraïque sur marbre blanc, large d'environ 0 m. 35, haute de 0 m. 27. La pierre est cassée du haut et devait contenir au moins une ligne de plus, renfermant en tête la formule « ci-gît », ou « là a été enterré », puisque l'inscription commence par une date, contrairement aux libellés ordinaires. Voici les lignes restantes :

[נפטר] בשנת הֹצֹ
שמואל בן הר
מנוחתו כבוד ע[ם]

[Est décédé] l'an 5090 (= 1330), Samuel fils de... Son repos est glorieux...

On voit la pierre au mur, sur la gauche du sentier qui mène à Pyri, et les caractères sont tracés avec une netteté qui ne laisse rien à désirer. Du côté droit de l'inscription, le marbre porte un trou de scellement, provenant sans doute de ce que jadis la pierre avait servi à un autre emploi. Toute la partie gauche a été brisée. Il en résulte qu'à la suite du nombre 5090, fin de la première ligne présente, il y avait peut-être encore un chiffre, soit une lettre, pour désigner une unité en plus.

Ligne 2. Il manque le nom de l'ascendant du défunt. Après la ligne 3, à la fin de l'eulogie usuelle il manque aussi un mot.

b. Dans ce même Musée archéologique de Thèbes, sont conservées deux épitaphes hébraïques provenant de cette localité, qui toutes deux sont de la même année et du même mois, seulement à 17 jours d'intervalle entre l'une et l'autre, également conformes, sinon identiques, par la rédaction. La première se trouvait à Pyri, faubourg de Thèbes, dans l'église de Saint-Athanase. Les caractères sont en carré calligraphié, comme le montre le fac-similé tel qu'il a été pris d'un marbre blanc, ayant en hauteur o m. 33, en largeur o m. 23, en épaisseur o m. 06 (voir pl. II).

Par suite de ce que la pierre a été ébréchée dans toute sa hauteur à droite, depuis la première jusqu'à la dernière ligne, en une oblique passant légèrement vers la gauche, la lecture et par conséquent la traduction sont douteuses. Jusqu'à plus ample informé, voici ce qui paraît lisible :

1 [. . .]פ(?) הישר הורם הידיד
2 [ר'] אליא ז"ל בכ"מר אבשלום
3 [ב]יום ו̄ י̄א לסיון שטו ולקטו
4 [אר]אלים עצמיו ספר קדו
5 [ש]ים פרש' ראש בני קהת
6 במותו ל(?) למצודה
7 בתיוץ

1 . . . le juste, a été prélevé (enlevé au ciel) le bien-aimé
2 R. Elie, dont la mémoire est rappelée en bien, fils de maître Absalon
3 le 6ᵉ jour (vendredi) 11 du mois de Siwan (5)315. Les anges
4 ont recueilli ses ossements durant l'ordre (*ou* période)
5 des saints, section « en tête des gens de Kehath »
6 lorsqu'il est décédé en se rendant à la forteresse
7 de Thèbes.

Ligne 1. Du premier mot il ne reste qu'une lettre, et encore est-elle incertaine. Si c'est un פ, faut-il y voir l'abrégé du verbe נפ'[טר] « est expiré », suivi du sujet הישר, en parallèle avec les deux derniers mots de cette ligne ? Peut-être faut-il lire : [ה]תם וישר « l'intègre et juste. . . », formant le sujet du verbe qui suit, puis le texte reprend les qualificatifs élogieux.

Ligne 2. La lacune de la première lettre est aisée à combler : c'est évidemment un ר, initiale du mot Rabbi. — Le nom Elia est écrit sans ה, probablement par scrupule religieux pour cette lettre finale du tétragramme divin, comme cela se passe souvent pour le nom Juda. — L'abréviation ז"ל, pour זכרונו לברכה « que son souvenir soit une bénédiction », est l'eulogie fréquente des défunts; mais on la trouve rarement ainsi placée sur des stèles funéraires, sur la tombe de ceux qui viennent de mourir. — Le mot suivant est un groupe d'initiales des mots בן כבוד מורנו רב « fils de l'honorable notre guide, maître ».

Ligne 3. Une fois la préposition ב « dans, au » restituée, et après la férie et le quantième du mois (avec préfixe ל « de », un peu superflu), l'année est indiquée : שטו (315), par טו (9 + 6), au lieu de יה (15), pour éviter encore cette homonymie avec le mot *Iah* (Dieu), par la raison qui est exposée à la ligne 2. Le mot שטו avec le suivant, — nous fait remarquer M. Slouschz — semble être une réminiscence de l'expression biblique [1] : « Ils se dispersèrent et recueillirent... »

Ligne 4. Le premier mot ne saurait être autrement complété que par la syllabe אר, pour constituer le mot אראלים « anges », qui vient juste s'encastrer entre le mot précédent et le suivant, d'après l'expression talmudique [2]. Il est évident que les mots « ont recueilli les ossements » visent la sépulture, à la suite peut-être d'un événement tragique, ou s'il s'agit de la résurrection future.

Cette façon du mysticisme, de faire intervenir les anges à propos de l'ensevelissement d'un homme pieux, se voit très rarement dans les épitaphes hébraïques. A notre connaissance au moins, elle ne figure que sur une stèle funéraire de Tolède, comprenant un ensemble de 24 lignes, inscrites sur les trois côtés d'une pierre triangulaire ou pyramidale [3]. C'était la tombe du rabbin Menaḥem ben Zeraḥ, né l'an 1308 en Navarre, à Estella, où s'était réfugié son père exilé de France en 1306; il exerça des fonctions pastorales à Alcala, puis alla finir ses jours à Tolède. En tête, d'un côté de la stèle, on lisait ces mots :

אראלים ומצוקים אחזו בארון איש חמודות.....

Les anges et [d'autre part] les humains ont saisi l'arche (c'est-à-dire le cercueil) de l'homme aimé...

(1) *Nombres*, XI, 8. Les poètes affectionnent cette façon d'utiliser un centon dans un double sens. Comp., pour le dernier mot, l'expression talmudique המלקט עצמות, tr. *Moëd Katon*, 8[a].

(2) Selon une légende du Talmud de Jérusalem., tr. *Kilaïm*, IX, 4, fol. 32[b], qui se retrouve au Talmud B., tr. *Kethouboth*, fol. 104[a], les anges supérieurs (luttant contre Moïse) ont enlevé les tables de la Loi.

(3) L'original est depuis longtemps perdu. Heureusement, d'après un manuscrit de Turin (brûlé depuis lors), S. D. Luzzatto a publié l'épitaphe dans ses אבני זכרון (Prague, 1841, in-8°), sous le n° 10. Voir *Rapport sur les inscriptions hébraïques de l'Espagne* (1907), n° 75, p. 125-129.

Ensuite, la cinquième ligne s'exprime en ces termes :

ונצחו אראלים את מצוקים ונשבה הארון...

Les anges ont vaincu les humains, et l'arche a été prise.

On voit que, dans ce texte, il est nettement question d'une lutte entre les représentants du Ciel et ceux de la Terre, conformément à la légende talmudique touchant Moïse : c'est le débat de la vie et de la mort. Dans le présent texte, au contraire, la réminiscence écourtée est à peine visée.

Le rédacteur revient ensuite à la date hebdomadaire. Les deux derniers mots de cette ligne 4, סדר קדו' « ordre des saints », ne paraissent pas viser une date hebdomadaire; ce serait une répétition inutile, après la mention de la férie et du quantième mensuel à la ligne 3, sans compter que la lecture officielle de la Parascha *Qedoschim* a lieu généralement trois semaines ou au moins deux semaines plus tôt; il doit y avoir là quelque allusion à la sainteté, peut-être au martyre, du personnage enseveli en ce lieu.

Ligne 5. Elle commence par la syllabe finale du dernier mot de la ligne 4; puis elle énonce, d'une façon indirecte, en quelle semaine de lecture officielle du *Pentateuque* on se trouvait alors : au lieu de dire : section *Bemidbar*, correspondant bien à la date précise fixée ligne 4, l'auteur de l'épitaphe y fait penser par une phrase de cette section (IV, 2) : « Élève la tête des gens de Kehath », par allusion probable à l'importance du défunt, ou à sa mort violente.

Ligne 6. Le second mot n'est pas de lecture certaine : il se peut qu'il faille lire למצוקה, se rattachant au terme אראלים de la ligne 4, ayant presque le même sens. — Le nombre d'ans, l'âge, figurait sans doute là.

Ligne 7. בתיוץ pour בתיבץ, selon l'orthographe de la Bible (*Juges*, IX, 50). On sait que c'est un usage fréquent, chez les Israélites de tous les pays, d'adopter des noms bibliques pour désigner des pays ou des lieux européens. Par le mot ספרד (*Obadia*, 25) ils désignent la péninsule ibérique, Espagne et Portugal; par צרפת, la France, et le mot אשכנז (*Genèse*, X, 3) sert à nommer l'Allemagne. De même les habitants juifs de Thèbes se plaisaient à confondre leur ville avec celle du même nom, qui est citée dans le livre des *Juges* [1]. Le nom local תיבץ est orthographié correctement dans un

(1) C. Belleli, *R.É.J.*, t. XXII, 1890, p. 254

document relatif aux Juifs de Nègrepont, découvert par Carlo Bernheimer [1] à la bibliothèque du Talmud Tôra de Livourne, ms. italien, n° 2. — Il est fort rare d'indiquer dans l'épitaphe le lieu du décès, tandis qu'à cette place il est d'usage d'inscrire une eulogie finale.

C'est ainsi, fait encore remarquer M. Belleli, que pour le nom de Candie et pour rendre hommage aux savants de cette île [2], on a trouvé la gracieuse identification de קן דעה, ce qui, traduit mot à mot, signifie : « nid de science ». — Le même nom *Tibads* appliqué à la ville grecque se trouve correctement écrit à la fin d'un manuscrit hébreu de la bibliothèque Bodléienne, à Oxford, dont le colophon, écrit en 1267, est ainsi conçu [3] :

נשלם בחדש ראשון יום ה׳ עשרה בו שנת זֹך בקרית תבץ.

Achevé au premier mois, un jeudi, le dix du mois, l'an 27 (sous-entendu 5000 = 1267), dans la forteresse de Thèbes.

Dans notre épitaphe, il est vrai, l'avant-dernière lettre est un ו, au lieu d'un ב; mais on sait que, dans la prononciation des deux labiales *b* et *v*, la confusion est fréquente, particulièrement chez les Byzantins.

d. Une autre épitaphe de la même localité a tant de points communs avec la précédente, par la rédaction, les mois et an, qu'elle émane évidemment du même auteur : c'est une sorte de seconde édition, comportant toutefois de notables changements dans le quantième, le jour de la semaine, et la péricope de lecture hebdomadaire.

1 [זאת קבורת] הישר הידיד
2 .... כה"ר אבשלום
3 יצו אשר נכסף [4] אל קדושו
4 ושבה אל אלהים נפשו
5 יום ד׳ כ"ג לסיון שטו ולקטו אראלי׳
6 עצמיו סדר והתחזקת ולקחת [5] מפרי

[1] *R. É. J.*, LXV (1913), p. 225.

[2] Lire à ce sujet l'article de M. Israël Lévi, *R. É. J.*, t. XXVI, p. 198-208.

[3] Catalogue Neubauer, n° 2518; fac-similes, pl. XXVI.

[4] Réminiscence du *Ps.* LXXXIV, 3.

[5] *Nombres*, XIII, 20 (section שלח לך).

7 פרש' ויפול משה ואהרן[1] בן י"ז שנה במותו

8 בתיוץ .

1 [Ci-gît] le juste, le bien-aimé,

2 .... [fils de] l'honoré maître Absalom,

3 Que Dieu le garde! Il soupirait après son saint,

4 et son âme est retournée vers Dieu,

5 le mercredi 23 Siwan (5)315[2]. Des anges ont recueilli

6 ses ossements, à la section « tu t'affermiras et prendras du fruit »,

7 péricope [où il est dit] « Moïse et Aron tombèrent ». Il avait 17 ans en mourant

8 à Thèbes.

Ligne 2. En tête manque le nom du défunt, et après le nom du père qui termine la ligne, l'eulogie (ligne 3) n'est applicable qu'à un vivant, savoir au père.

Ligne 3. Cette idée de désir, de « soupir », se retrouve sur l'épitaphe d'Isaac b. Israel, mort en 1303 à Tolède[3].

Ligne 4. La même profession de croyance à l'immortalité de l'âme est formulée sur la tombe de D. Meir Aboulafia Halévi[4], mort à Tolède en 1349.

Ligne 6. Le texte biblique est emprunté à la lecture sabbatique de la semaine correspondant au décès. — Le mot מפרי « du fruit » (à l'état construit) peut aussi être traduit « de mon fruit », et viser le défunt, que son père déplore.

Ligne 7. Les noms de Moïse et d'Aron étaient peut-être portés par le décédé.

Ligne 8. Même observation que pour le seul mot final de l'épitaphe précédente.

e. Qu'il nous soit permis ici, — à titre tout à fait exceptionnel, lorsqu'il ne s'agit pas de judéo-grec, — d'accorder une modeste place aux deux documents suivants, d'intérêt local, deux textes du même Musée, restés jusqu'à présents inédits. Ce sont deux inscriptions turques, la première en cinq lignes, la seconde en trois lignes. Il est fâcheux qu'elles soient trop fragmentaires pour pouvoir,

(1) *Nombres*, XIV, 5.

(2) Ce qui correspond au 12 juin 1555.

(3) Voir *Rapport sur les inscriptions hébraïques de l'Espagne* (1907), Tolède, n° 16, p. 303 [75].

(4) *Op. cit.*, n° 49, p. 331 [103].

au dire des savants compétents, offrir un sens bien net, malgré les soins donnés aux caractères et la présence encore visible des points diacritiques.

La première est évidemment une inscription funéraire, car la seconde ligne donne clairement des épithètes d'un défunt. Voici le texte, avec traduction en regard :

1	مرعم اى حسن اغادة	Mon oncle, oh! beau souvenir (*ou* rappel)
2	مرحوم ومغفور	Gracié et pardonné
3	طالب حسن اغادة	de Taleb Ḥassan Aga.
4	الف لنى	Mille.......
5	سنة ١١٠٤	année 1104

La seconde inscription, encore plus fruste que la première, ne laisse qu'une ligne lisible. Voici ce fragment :

1	....	....
2	فرقتنى قالدى والدينى ـــ	Sa séparation est restée; les parents (*accus.*).
3	....	....

La similitude d'apparence de ces deux petits textes, ainsi que du marbre sur lequel ils sont écrits, permet de supposer une conformité relative de date, probablement l'an 1104 de l'Hégire (= 1692).

M. le professeur P. N. Ure a eu l'obligeance de prendre la photographie de ces deux petits textes : nous l'en remercions (voir pl. III).

36. Délos médiéval.

A Délos, on a découvert l'épitaphe suivante, grâce aux fouilles de l'École française d'archéologie à Athènes. Elle est ainsi conçue :

1	[זאת ה]מצבה	[Cette] stèle..........
2	... ל (?) הרם	pour (?) a été érigée en l'honneur de
3	מאיר לאון קיימי	Meir Leon Kaimi,
4	בר מרקה ברבי [של]מה	fils de Marca fils de maître
5	[שמ]חה הפרנס	Salomon (*ou* Simḥa) l'administrateur,
6	ביב תצבה שנת	le lundi de la péricope *Tetsawé* l'an
7	הקס ליצירה	[5]160 de l'ère de la Création » (= 1400).

La forme particulière de quelques lettres dans ce petit texte, de a fin du XIVe siècle (un léger panache en haut des lettres ב et ר ligne, 4 plus marqué dans le ל de la ligne 7), serait intéressante pour la paléographie hébraïque, s'il n'y avait des traces de l'embarras du lapicide, soit par incompétence, soit par l'état de la pierre.

מצבה
ה הרם
כ א לאון קיימי
כר מלקה כלכי
ש י מה הפרנס ר
כ״ג תצבה שנח
רצח ליצירה

L'oblitération des caractères devenus frustes rend la lecture douteuse, comme l'atteste cette reproduction d'un estampage mal venu aussi, abstraction faite de quelques lacunes à droite de la pierre.

Ligne 1. Les quatre premières lettres (זאת ה « cette, *ou* voici le... »), peuvent être restituées par la présence du mot מצבה « stèle funéraire ».

Ligne 2. A la suite de lettres effacées, parmi lesquelles on ne reconnaît guère qu'un ל, on distingue le mot הרם. Est-ce le verbe passif הורם « a été élevé, érigé »? Pourquoi alors — vu le sujet qui précède — ce verbe n'est-il pas au féminin? Faut-il au contraire y voir un qualificatif (par abréviation) à l'adresse du défunt, en supposant au préalable un mot comme לכבוד « en l'honneur », suivi des titres généralement abrégés הרב מר « du sieur maître »? La solution est embarrassante, et la syntaxe défectueuse.

Ligne 3. On remarquera la forme לאון « Leon », sans י, qui semble correspondre à la prononciation grecque de ce prénom. — Le nom qui suit, קיימי, est incertain; on s'attend plutôt à la forme חיים (Vital) = Χαίμι.

Ligne 4. Le nom médial מרקה « Marc » intéresse l'onomastique juive au moyen âge. On ne rencontre guère ce prénom auparavant, et il s'est transmis depuis lors dans toute l'Europe.

Ligne 5. Après une lacune de deux lettres, on lit soit un ח soit un ט. Dans la première supposition, c'est le prénom Simḥa; dans la seconde, c'est le prénom Salomon. — Le פרנס est le chef de la communauté (littéralement : celui qui nourrit, entretient, sous-entendu : les pauvres)[1].

Ligne 6. בי״ב « le second jour » de semaine, ou lundi. — Le mot תצבה est mal orthographié pour תצוה, par suite de similitude (dans l'énonciation subtile des Byzantins) entre les lettres ב (sans *dagesch*) et ו.

On devrait trouver de plus vieilles épitaphes dans ces parages. Par sa notice intitulée « une lettre du royaume byzantin sur un mouvement messianique du judaïsme et des dix tribus, en l'année 1096 », David Kaufmann[2] éclaire d'un jour nouveau l'existence de communautés juives à Abydos, à Salonique et à Thèbes, dès le XIe siècle. Il les a étudiées de près en prenant soin de traduire une lettre hébraïque d'un Rabbi Menaḥem, fils de R. Elias, trouvée parmi les fragments de la *Geniza* du Caire, qui ont été acquis par la bibliothèque dite Bodleiana à Oxford et qu'a publiée Ad. Neubauer[3].

Ce document historique fait ressortir l'importance de deux personnages du judaïsme byzantin à cette époque. Ce sont : R. Ebiathar ha-Cohen, désigné comme chef d'école, ou président de l'enseignement, et R. Tobia, honoré du titre de « notre Maître ».

Le premier de ces deux docteurs est d'ailleurs connu comme ayant exercé son autorité suprême sur les communautés juives de l'Égypte et de la Palestine, dont il était le נגיד « prince »; c'est à lui que s'adressait avant tout chaque promoteur du messianisme, ou de l'idée d'un mouvement des dix tribus perdues d'Israël.

R. Tobia ben Eliézer est le grand éducateur qui s'est consacré spécialement à ses coreligionnaires des pays byzantins, l'heureux compilateur en ces régions d'une série de commentaires sur le *Pen-*

(1) Une lettre à la fin de cette ligne 5 est l'amorce du mot suivant.

(2) *Byzantinische Zeitschrift*, t. VII, 1898, p. 83-90.

(3) *Jew. Quarterly Review*, t. IX, p. 27-29.

tateuque et sur les 5 *Meghilloth* (rouleaux) qui ont paru sous le nom de לקח טוב[1], ou « petite Pesikta ».

37. Tireh (Syrie).

M. A. Politi Argi, directeur de l'école communale israélite en cette ville, sise dans l'Anatolie[2], nous écrit que, dans le vieux cimetière de cette petite localité, il y a quatre épitaphes d'une brièveté rare. Les voici :

1. מצבת
הישיש ה"ה המרגיל במצות
כה"ר חיים בכר ישראל
שנת ה"א קסא.

Stèle du bien-aimé, le ..., accomplissant régulièrement ses devoirs religieux, l'honoré maître Ḥayim fils de l'honoré Israël, l'an 5161 (= 1401).

L'abrévation ה"ה, fréquente dans ces parages, donne sans doute les initiales de הלא הוא « c'est lui ».

On remarquera que, conformément à l'usage, le nom du père de ce défunt est bien indiqué par le mot médial בכר, composé des initiales de בן כבוד רב « fils de l'honoré maître » Israël (et non Bekhor).

2. מצבת
החכם הנעלה ה"ה אברהם ארדיטי
אברהם עומד לפני ה"
ש" ה"א ...

Stèle du savant, du supérieur, maître Abraham Arditi ; « Abraham est debout devant l'Éternel », l'an 5000....

La troisième ligne est une réminiscence biblique (*Gen.*, xviii, 22), par allusion au patriarche, dont le défunt portait le prénom, à côté d'un nom d'origine italienne. La date est incomplète, car il va de soi que l'abréviation ה"א ne signifie pas 5001, mais 5000, plus le nombre ultérieur, probablement de plusieurs siècles, vu la présence d'un nom européen. Le nom Arditi subsiste encore en Bulgarie.

(1) Voir Azulaï, שם הגדולים, *s. v.; Zeit.*, II, 574.

(2) Au sud-est de Smyrne, près de la chaîne de montagnes qui est appelée Kesté-Nous-Dagh.

3. הרב הגדול מתתיה ן' ר'

Le grand rabbin Matatia ben Rabbi....

La suite qui a dû contenir le nom du père et la date manque. On notera la façon abrégée d'écrire בן « fils de » par ן'.

4. הח' הנע' אברהם טאריקה שנת הקע"ד

Le savant, l'excellent Abraham Tarikah. Année 5174 (= 1414).

Le second mot abrégé pourrait, à la rigueur, être lu הנער « le jeune garçon »; mais cette désignation est peu probable à la suite de la qualification « savant ». Le nom propre qui suit est purement indigène.

38. Corfou.

Une inscription commémorative de la synagogue grecque à Corfou, détachée d'une des parois de cette synagogue pour cause d'agrandissement de la fenêtre et reléguée très longtemps au cimetière de cette ville, a été heureusement reconstituée, puis publiée par M. Belleli[1]. Elle débute par la disposition suivante des eulogies et du nom :

כתר תורה

ק

וכתר ק ק[2] כהונה

תו

וכתר שם טוב עולה

על נביהן[3]

חיים ב"ר

אליה כהן

י'צ'ו

Puis vient une longue pièce rimée, composée de quinze distiques, destinée à rappeler les faits suivants : en l'année 5394 de l'ère juive (= 1634 de l'ère vulgaire), la communauté des Israé-

(1) Mose, *Antologia israelitica*, t. VII, p. 317-319 (cf. p. 355 et 386).

(2) Les trois ק sont les initiales de קהלה קדוש' קורפו, avec allusion au triple קדוש, *τρισάγιος*.

(3) Tr. *Aboth*, IV, 17.

lites grecs à Corfou avait obtenu du gouvernement vénitien (maître alors de l'île) l'autorisation d'édifier un temple neuf, dans un quartier plus distingué, au lieu du premier édifice transformé en habitation. Un certain Hayim d'Elia Cohen, personnage de grande influence, s'entremit pour obtenir à cet effet la concession (קונצסיון) exigible et, de plus, prêta à la communauté une somme de 1,500 sequins, פרחים (= 18,000 francs). La construction a commencé le 14 du mois d'Adar 5394, et elle a été achevée en Tisri suivant. La communauté juive lui exprime sa reconnaissance, et lui souhaite longue vie, ainsi qu'à ses fils [1].

39. Smyrne moderne.

M. Nabon, le directeur des écoles de l'Alliance israélite dans cette ville et aux alentours, a bien voulu — dans l'intérêt du présent rapport — transcrire une longue série d'épitaphes du second tiers du XVIIe siècle, heureusement conservées au cimetière désaffecté de Smyrne; elles sont des plus intéressantes pour l'onomastique locale.

1. מצבת קבורת היקר
ונעלה רודף צדקה וחסד [2]
כהר אברהם נוניש נפטר
יום ר"ח אלול שנת הת"ז
ו'מ'ך

Stèle funéraire du précieux et excellent, empressé d'accomplir la justice et la charité, l'honoré maître Abraham Nunès, décédé le jour de la néoménie d'Eloul, l'an 5407 (= 1er septembre 1647). Son repos est honorable.

Il est à peine nécessaire de signaler l'origine espagnole du nom de ce défunt, dont les ancêtres sont venus de leur pays natal, se réfugier en Turquie; au contraire, une grande partie des noms de famille qui vont suivre paraissent être de provenance indigène. L'eulogie finale, que l'on a vue en toutes lettres plus haut, sous la

(1) La dernière lettre de la ligne 14, un י peut signifier le chiffre 10; mais si, selon les besoins de la rime, c'est l'initiale du mot יד = 14, ce sera un quantième.

(2) *Proverbes*, XXI, 21.

rubrique Thèbes, est abrégée ici et plusieurs fois ci-après. Les trois lettres sont les initiales de והיתה מנוחתו כבוד[1].

2. מצבת
קבורת הבחור
הנבון כהר יאודה
חודארה נ"ע נפטר
יום ג' כ"ה לחדש
תמוז שנת הת'יט
ומ"ך

Stèle funéraire du jeune homme, de l'intelligent, l'honoré maître Juda Ḥodarah, qu'il repose au Paradis. Il est décédé le 3e jour (mardi) 23 du mois de Tamouz l'an 5419 (= 14 juillet 1659). Son repos est honorable.

Dans la transcription du prénom Juda, la deuxième lettre est écrite א, pour ה, afin d'éviter la répétition de cette lettre sacrée, ce qui eût constitué la présence illicite du tétragramme ineffable.

Le nom חודארה frappe par sa singularité, et l'on peut se demander s'il n'est pas apparenté à l'arabe خدار « noir, sombre », dans le sens d'homme « brun ». Toutefois, le savant directeur de l'école communale israélite à Tireh (Syrie), M. A. Politi Argi, pense que ce nom vient du persan خودارا « puissant ». Ce serait alors un synonyme du nom italien *Fortis*, ou du nom portugais *Confortes*, qui se trouve en effet parmi les Juifs, du moins parmi ceux qui sont originaires de la péninsule ibérique.

3. הבת
רבת המעלות : בת מלכי
קדם ורוזנים[2] מה יקרו מדותיה
כי בזכותה בנתה ביתה[3] מרום
בתוך גן עדנים
מצבת קבורת הכבודה וצנועה
מ' אסתר אשת הישיש ומאד
נעלה כמהר יעקב ישרון נר"ו
נפטר יום א' י"ט לסיון התך ו'מ'ך

Ô fille, grande par les qualités! fille des rois de l'Orient et de princes, combien ses vertus sont précieuses, car par son mérite elle a érigé sa

(1) Isaïe, xi, 10.

(2) Réminiscence de Habacuc, i, 10, ou de *Prov.*, viii, 13.

(3) Allusion à *Prov.*, ix, 1, ou xiv, 1.

maison à une grande hauteur, dans le jardin des délices. Stèle funéraire de l'honorée et modeste dame Esther, femme du précieux et très élevé maître Jacob Yeschouroun, que sa lumière brille! Elle est décédée le dimanche 19 Siwan 5420 (= 29 mai 1660). . . . Et son repos est honorable.

4. דבק בתורת אל ומצותיו
צדיק ואיש תמים [1] מצבת
קבורת החכם הנעלה הה̃
יוסף קרישקאש נ̃ע נפטר
ט"י חשון התכא

Il s'était attaché à la loi de Dieu et à ses commandements; c'était un homme juste et intègre. Stèle funéraire du savant élevé, maître Joseph Crescas, qu'il repose au Paradis! Il est décédé le 19 Ḥeschwan 5421 (= 24 octobre 1660).

Le nom de famille Crescas est bien connu comme originaire de la France méridionale. Don Crescas de Bagnols, le savant le plus remarquable d'Orange qui fut en correspondance avec Isaac ben Juda Haccohen, établi à Manosque, vivait à Orange au commencement du XIVe siècle. Ḥasdaï Crescas fut le maître de Josef Albo. Un autre du même nom, Don Crescas Vidal de Perpignan, frère de Don Bonafos Vidal de Barcelone, était un savant très considéré, en raison de son commentaire talmudique sur le tr. *Ketouboth* et qui, pendant une lutte religieuse de son temps, garda une louable réserve [2]. De la France ce nom a passé en Espagne, et de là en Orient.

5. לא גל אבנים זה כי אם
מזבח [3]
אין זה דירת קבע כי אם
אורח
עד עת שערי רצון להפתח
מצבת קבורת נבון ונעלה
כהר יצחק אנדראדה נ"ע
נפטר יום ר"ח אב שנת הת"כב
ומ"ך

Ceci n'est pas un monceau de pierres, mais un autel; ce n'est pas une demeure fixe, mais comme un séjour de transition, jusqu'au moment où seront ouvertes les portes de la volonté (divine).

(1) *Genèse*, VI, 9.
(2) Voir GROSS, *Gallia Judaica* (P., 1897), p. 19 et 464.
(3) Imité de *Genèse*, XXVIII, 17.

Stèle funéraire de l'intelligent et supérieur maître Isaac Andrade [1], qu'il repose au Paradis ! Il est décédé le jour de la néoménie d'Ab, l'an 5422 (= 17 juillet 1662). Et son repos est honorable.

La formule פתח ··· שערי רצון « ouvre les portes de la volonté, ou de l'agrément (divin) », se retrouve dans la prière finale, תחנה, de la liturgie juive du samedi soir. Chez les musulmans, nous fait remarquer M. Clermont-Ganneau, l'ange رضوان est le gardien de l'entrée du Paradis. Ces croyances mystiques sont connexes.

6. קנים במקום מנים שאו יחד
על איש אשר בחיק הטיל שחד
הולך צדקות ומשרים [2] כאחד
[ת]
אחד באחד [3] נשדלת אח
מ"ק [4] היקר ונכבד כה"ר
מיכאל בן מלך נע̃ נפטר
יום ב׳ י"ח אייר הת"כז

Élevez ensemble des complaintes au lieu de chants, pour un homme qui dans son sein (en secret) remettait les dons, en même temps qu'il marchait avec équité et droiture. Pour l'un et l'autre, tu t'es dévoué, frère ! Stèle funéraire du précieux et honoré maître, le rabbin Michel ben Melekh (= Ben Rey), qu'il repose au Paradis !, décédé le lundi 18 Iyar 5627 (= 12 mai 1667).

Ligne 2. — Dans la première partie de ce texte, le rédacteur exprime, en quatre vers, un panégyrique subtil du défunt, par des allusions midraschiques, à l'effet de célébrer ses vertus. Le Talmud Babli [5] applique à l'exercice de la charité, avec mystère, le verset suivant des *Proverbes* (XXI, 10) : « Un don fait en secret éteint la colère, et un don au sein (du mystère) calme un ressentiment violent. » Dans ce texte, il ne faut pas prendre le mot שחד selon le mauvais sens habituel de « don corrupteur », mais, — par suite du parallélisme avec le premier hémistiche du verset — dans un sens favorable, celui d'une bonne action accomplie sans ostentation.

(1) Ce nom, originaire de l'Espagne, se retrouve dans le sud-ouest de la France. Voir *Rapport sur les inscriptions hébraïques de la France*, p. 379 [237]

(2) ISAÏE, XXXIII, 15.

(3) Allusion à *Job*, XLI, 8.

(4) Initiales de מצבת קבורת « stèle funéraire ».

(5) Tr. *Baba bathra*, fol. 9^b.

Ligne 4. — Ici également, le versificateur a voulu continuer l'énumération des mérites du défunt; mais il s'explique en termes amphigouriques, en jonglant sur des syllabes homonymes, qui rendent ce vers obscur; la traduction de cette ligne est, par conséquent, donnée sous toutes réserves. Dans le mot נשתדלת, le premier ת avait été oublié, et il ne faut pas s'étonner de ce qu'après avoir parlé du défunt à la troisième personne, le rédacteur lui adresse la parole directement, à la seconde personne, lui disant (littéralement) : « tu t'es efforcé » d'être bon, bienfaisant comme un frère.

קול
7. נהי נהיה[1] בתולה ארים
קנים והנה בכי תמרורים[2]
כי נפלה ארץ תפארת בחורים[3]
הולך צדקות ודובר[4] משרים
גם נאספו בו כל ההדרים
הה[5] הנבון ונעלה איש אמונים
כה״ר משה אלמולי נ״ע נפטר
כ״ז סיון הת״כז

Comme une voix de plainte, des chants lugubres d'une jeune fille, je veux faire retentir des complaintes. Voici des pleurs d'amertume, car est tombé à terre l'ornement des jeunes gens, il marchait dans la voie de la justice et parlait avec droiture. En lui aussi s'étaient réunies toutes les qualités[6]. C'est le maître, sage et supérieur, l'homme de foi, le Rabbi Moïse Elmoli, qu'il repose au Paradis! décédé le 27 Siwan 5427 (= 20 juin 1667).

Le nom de famille Almoli dérive peut-être de l'arabe *al mu'alli* « celui qui élève », bien que l'élision de l'ע soit problématique: simple hypothèse.

Un des plus anciens membres de cette famille juive d'Espagne figure dans une liste de gens à Barcelone en 1262, selon Jacobs[7],

(1) MICHÉE, II, 4.
(2) JÉRÉMIE, II, 15.
(3) *Proverbes*, XX, 29.
(4) Ici le texte d'ISAÏE, XXXIII, 15 est complet, mieux qu'au numéro précédent.
(5) Initiales des mots הלא הוא « n'est-ce pas lui ».
(6) Réminiscence de *Genèse*, XXIX, 3, sauf modification du mot העדרים.
(7) *Sources of Spanish Jew. history*, n° 212, p. 16.

et dans une liste analogue on trouve la « gente Almuli de Calatayud » [1].

8. ואיש תמים במדותיו קדמו פניו
דבק בתורת אל ומצותיו צדיק
צדקותיו זקן ונשוא פנים [2]
ה"ה הנבון ונעלה כהר̃ יאודה [3] ב'כ'ר
מיכאל אבן מלך [4] נ̃ע נפטר יום
ר' ט' תמוז שנת התכ̃ח

Il s'était attaché à la loi de Dieu, à ses commandements; c'était un homme juste et intègre par ses qualités; ses bonnes œuvres l'ont précédé, vieillard qui avait inspiré la considération. Le maître, intelligent et supérieur, le Rabbi Juda fils de l'honoré maître Michel Ibn Melekh, qu'il repose au Paradis, est décédé le 4e jour (mercredi) 9 Tamouz, l'an 5428 (= 18 juin 1668).

On remarquera que les premiers éloges adressés à la mémoire du défunt se retrouvent, identiquement dans les mêmes termes, plus haut, au n° 4, sauf que le rédacteur a ajouté le mot superflu במדותיו, probablement pour arriver à rimer avec l'hémistiche précédent et le suivant. Le nom de famille est aussi arabe qu'hébreu.

9. דבק תורת אל ומצותיו
צדיק ואיש תמים במדותיו
ה"ה הישיש נבון ומאד נעלה
לתהלה כ'ה'ר משה אלקאלעי
נ"ע
נפטר יום ו' בכ"ו לחדש אב
התכ"ח ומ"ך

Il s'était attaché à la loi de Dieu et à ses commandements, en homme juste et intègre par ses qualités; c'est le maître précieux, intelligent et très élevé à la louange, l'honoré maître Moïse Alkalaï, qu'il repose au Paradis!, décédé le vendredi 26 du mois d'Ab 5428 (3 août 1668). Et son repos est honorable.

En tête du second mot il manque le ב, par omission du copiste. Les deux premiers hémistiches se retrouvent aux n°s 8 et 10.

(1) Kayserling, *Jew. Quarterly Review*, VIII, 492.

(2) Isaïe, III, 3.

(3) Le nom Juda, ainsi orthographié, se retrouve de même plus haut, n° 2.

(4) L'épitaphe du père figure ci-dessus, n° 6.

Le nom Alcalaï a été porté avec distinction par plusieurs rabbins et écrivains tels que Abraham ben Samuel Alcalaï, qui a vécu en Turquie, vers la fin du XVIIIe siècle, auteur de l'ouvrage זכור לאברהם, où les règles des quatre *Tourim* sont rangées par ordre alphabétique. Un ʿAbu Ali el Ḳâli est cité par Goldziher (*Mélanges H. Derenbourg*, p. 223).

On connaît encore Joseph ben David Alcalaï, auteur de אמר יוסף, ou Notes sur Maïmonide; puis Juda ben Salomon Haï Alcalaï, rabbin à Semlin (Croatie) au dernier siècle, ardent sioniste, auteur de l'œuvre גורל לה'; enfin, Moïse ben David Alcalaï, traducteur judéo-espagnol, auteur de תקון סעודה (règles culinaires) et de בואו השבון (tr. d'arithmétique). Tous ont sans doute pour nom d'origine celui d'une des villes espagnoles nommées Alcala.

10. דבק בתורת אל ומצותיו ואיש
תמים במדותיו ירא וסר [1] כל ימותיו
קדמו פניו צדקותיה
מ"ק ישיש נבון ונעלה כה"ר חיים יאודה לאון
נ"ע נפטר ביום כ"ב לחדש כסלו
שנת הת"כט ומ'ך

Il s'était attaché à la loi de Dieu et à ses commandements, en homme intègre par ses qualités, révérant (Dieu) et se détournant (du mal) toute sa vie; devant lui ont marché ses bonnes œuvres. Stèle funéraire du précieux, intelligent et supérieur, le Rabbi Ḥayim Juda Léon, qu'il repose au Paradis!, décédé le 22 du mois de Kislew l'an 5429 (26 novembre 1668). Et son repos est honorable.

A la troisième ligne, le mot final se termine par un suffixe féminin ה, au lieu du masculin ו. L'orthographe du prénom « Léon » rappelle le même mot dans l'épitaphe de Délos [2].

11. מצבת קבורת היקר
ונכבד כהר̃ יאודה ציידון
נ"ע נפטר יום א' חי" תמוז
שנת התל ו'מ'ך

Stèle funéraire du valeureux et honoré maître Juda Saïdoun, qu'il repose au Paradis!, décédé le 1er jour (dimanche) 18 Tamouz l'an 5430 (= 6 juillet 1670). Et son repos est honorable.

(1) Allusion à II *Rois*, XVIII, 6.
(2) Ci-dessus, p. 99.

Le nom de famille mentionné ici vise peut-être un habitant originaire de Sidon, en tout cas de tournure arabe. — Le nombre חי, par un jeu de mots fréquemment usité, représente à la fois le chiffre 18 (qui normalenent serait écrit י"ח), et l'adjectif qui signifie « vivant », comme une eulogie.

12.

איש אמונים ורב פועלים(1)
מצדיק הרבים מצבת קבורת
היקר ונעלה כהר מתתיה
הכהן נ̃ע נפטר א' סיון
שנת התלא

Homme de foi, digne par ses (bonnes) actions, accomplissant le bien envers de nombreuses gens! Stèle funéraire du valeureux et supérieur, le Rabbi Matathia Cohen, qu'il repose au Paradis! décédé le 1er Siwan l'an 5431 (= 10 mai 1671).

Il est étonnant que ce quantième de mois ne soit pas donné comme jour de néoménie. Serait-ce par allusion à la coïncidence d'un premier jour de semaine, ou dimanche?

13.

[ה]
בכו עלי כל קנלי כי לא
אשוב לביתי איזה בית אשר
תבנו(2) וזה מקום מנוחתי
הבחור וחשוב כה̃ר יצחק ב'כ'ר אברהם
פיסואה נ"ע נפטר ג' סיון התל̃א

Pleurez sur moi, vous tous de mon assemblée; car je ne retournerai plus dans ma maison. Ici, dans la maison que vous (me) construisez, est désormais le lieu de mon repos. Le jeune et considéré maître Isaac, fils de maître Abraham Pessoa, qu'il repose au Paradis!, décédé le 3 Siwan 5431 (= 13 mai 1671).

Dans la première ligne, on peut lire un mot קנלי, dans le sens de « qui me plaignez »; ce mot serait de formation contrainte, pour rimer avec עלי, de même que la syntaxe est défectueuse à la fin de la ligne 2.

(1) II *Samuel*, XXIII, 20.

(2) Cette réminiscence d'ISAÏE, LXVI, 1 se retrouve sur une stèle de Cassaba, n° 9, sauf qu'ici le copiste a omis לי qui rime avec קהלי, ligne 1.

Dernière ligne : le nom de famille doit peut-être se lire : Fiesoa. On le retrouve, avec une légère variante d'orthographe, au n° 14 du paragraphe suivant, à Cassaba.

Joseph Pessoa père et fils, établis dans le ressort du Conseil du Cap, figurent parmi ceux que le Gouverneur de la colonie a désignés, le 16 janvier 1765, comme devant payer 500 livres, à titre d'impôt extraordinaire [1].

14. איש אמונים ורב פועלים
מצבת קבורת היקר ונעלה
כ'מו'הרב מתתיה בארקי נ"ע
נפטר ב' סיון התלד

Homme de foi, grand par ses œuvres. Stèle funéraire du précieux et excellent, l'honoré maître rabbi Mathias Barki, qu'il repose au Paradis! Décédé le 2 Siwan 5434 (= 6 juin 1674).

Au milieu des épitaphes du même cimetière, une mention au moins est due à celles de Mardochée Cevi et d'Isaac Cevi, dont le premier avait été le père du fameux pseudo-Messie Sabbataï Cevi : l'épitaphe de Mardochée est datée du 22 Schebat 5423 (= 30 janvier 1663), et celle d'Isaac est du 25 Nissan suivant (= 2 mai). Les deux textes ont été copiés et transmis par M. N. Amado à M. le grand rabbin Abr. Danon, qui les a publiés [2].

40. Cassaba.

1. כל מר ונאנח בקרבו [3]
בציונו הנה כל אשר לו
קבורת היקר ונעלה שלמה קונתינטי נ"ע
י"א כסלו שנת הת'כ'ה

Tout, dans son sein, est amertume et gémissement. Voici, dans son mausolée, tout ce qui est à lui. Sépulture du précieux et éminent Salomon Contineti, qu'il repose au Paradis! 11 Kislew, année 5425 (= 29 novembre 1664).

(1) Voir Abr. Cahen, Les Juifs dans les Colonies françaises au XVIIIe siècle (d'après les Archives du Ministère de la Marine) : *R. É. J.*, IV, p. 245.

(2) *R. É. J.*, t. LXVIII, p. 271.

(3) Imité de Job, xx, 14.

2. מצבת קבורת הבחור הנחמד החשוב
כ'ה'ר מכאל ב'כ'ר אברהם הכהן נפטר יום ה'
לח' תמוז ש' ה'ת'ע'ז

Stèle funéraire du jeune homme, agréable et considéré, l'honoré maître Michel, fils de l'honorable maître Abraham Haccohen, décédé le 5 du mois de Tamouz 5477 (= 11 juin 1717).

3. והאבן הזאת אשר שמתי מצבה [1] יהיה לעדה
להאשה הכבודה והצנועה אסתר אשת הישיש
מכאל ארון ש'ה'ת'ף

Cette pierre que j'ai érigée en monument servira d'attestation à la femme honorée et modeste Esther, épouse du vénérable Michel Aron; an 5480 (= 1720).

4. והאבן הזאת אשר שמתי מצבה תהיה לעדה
על האיש מ"ר זה חישיש היקר ונעלה כ'ה'ר
[א]בדון ארון נ"ע ביום ב' לח' כסלו ש' ה'ת'צ'ח

Cette pierre que j'ai érigée en monument servira d'attestation pour l'homme, notre guide et maître, ce vieillard précieux et éminent, l'honoré maître Abdon Aron; qu'il repose au Paradis! le deuxième jour du mois de Kislew, année 5498 (= 25 novembre 1737).

5. מצבת קבורת האשה יראת ה'
הלא הכבודה והצנועה והנכבדת
מ' זינבול אשת הנבון ונעלה שמעיה אשר נ"ע
נפטרת לע' י' לח' מרחשון ש' ה'ת'ק'ח

Stèle funéraire de la femme craignant Dieu, à savoir la distinguée, la modeste, l'honorable dame Zenboul [2], épouse de l'intelligent et éminent Schmaya Asser, qui repose au Paradis; elle est partie pour son monde (futur) le 10 du mois de Marheschwan, l'an 5508 (= 14 octobre 1747).

6. והאבן הזאת אשר שמתי מצבה תהיה לעדה
על האיש הישיש ונעלה כ'ה'ר אברהם מורדוך
נ"ע בט' לח' אב ש' ה'ת'ק'י'א

Cette pierre que j'ai érigée en monument servira d'attestation pour le vieillard éminent, l'honoré maître Abraham Mordokh, qu'il repose au Paradis! ce 9 du mois d'Ab, an 5511 (= 31 juillet 1751).

(1) Phrase prise textuellement de la *Genèse*, XXVIII, 22. יהיה pour תהיה.

(2) Nom féminin qui n'est pas rare; il équivaut au mot «jacinthe» (en turc), observe M. Danon.

7. מצבת קבורת הנכבדה והצנועה אשה יראת ה'
מ' ריינה אשת הנבון ונעלה יצחק אשר י"ץ
נפטרת יום י"ד לח' תמוז ש' ה'ת'ק'י'ד

Stèle funéraire de l'honorée et modeste femme craignant Dieu, dame Reina, épouse de l'intelligent et éminent Isaac Asser, que Dieu le garde! Elle est décédée le 14 du mois de Tamouz, l'an 5514 (= 4 juillet 1754). La survivance du mari de la défunte est visée par l'eulogie י"ץ.

8. ברוך דיין האמת
והאבן הזאת אשר שמתי מצבה תהי לעדה
על הנבון ונעלה ה"ר ישראל ארון נ"ע
נפטר לב"ע בעשור שלישי לח' תמוז ש' ה'ת'ק'י"ד

Béni soit le juge de la vérité. Cette pierre que j'ai érigée en monument servira d'attestation pour l'intelligent et éminent sieur Israel Aron, qu'il repose au Paradis! Il est décédé, parti pour son monde ultérieur dans la troisième décade du mois de Tamouz, l'an 5514 (= du 10 au 20 juillet 1754).

Nota. — En tête, se trouve la formule liturgique pour un avis de deuil. Le texte continue par le centon biblique, que l'on a déjà vu aux n°s 3, 4, 6. La date est singulière : au lieu d'un quantième de mois déterminé, d'un jour fixe, l'épitaphe comporte une époque assez étendue, comme si le rédacteur de ces lignes n'avait pas su, ou n'avait pas voulu, indiquer le jour précis du décès.

9. בכו עלי כל קהלי
כי לא אשוב עוד לביתי
זה בית אשר תבנו לי (1)
וזה מקום מנוחתי
הוא הנבון וחכם יוסף שבאח נ"ע
נפטר בכ"ט לח' טבת ש' ה'ת'ק'כ'ז

Pleurez sur moi, ô membres de toute ma communauté, car je ne reviendrai plus dans ma maison. Voici la maison que vous m'avez construite, et voici le lieu de mon repos.

C'est l'intelligent et savant Josef Schoubaḥ, qu'il repose au Paradis! Il est décédé le 29 du mois de Tebet l'an 5527 (= 31 décembre 1766).

10. אהא למי הדיה (2) פנה היתה למאכלת (3) סנה
כי למול פנה שושנה רעננה

(1) Allusion à Isaïe, lxvi, 1.

(2) Il doit y avoir là une confusion avec עדה ou הודה.

(3) Par opposition à *Exode*, iii, 2.

היא האשה הכבודה והצנועה וידה
אשת הנבון וחשוב שלמה גיקוריל
נפטרת יום ב׳ לח׳ כסלו ש׳ ה׳ת׳ק׳כ׳ח

Hélas ! Où a passé sa splendeur ? C'est un buisson qui a été dévoré ; c'était une rose verdoyante en face d'elle. C'est la femme honorée et modeste, nommée Vida[1], épouse de l'intelligent et estimé Salomon Djicurel, décédée le 2 du mois de Kislew l'an 5528 (= 23 novembre 1767).

11. והאבן הזאת אשר שמתי מצבה
להנבון ונעלה כה״ר חיים בכ״ר יצחק קאסטרו
נ״ע י״ד לח׳ אייר ש׳ ה׳ת׳ק׳כ׳ט

Cette pierre que j'ai érigée est un monument pour l'intelligent et éminent, l'honoré maître Ḥayim fils du maître Isaac Castro, qu'il repose au Paradis ! Le 14 du mois d'Iyar l'an 5529 (= 21 mai 1769).

12. אם תשאלו מתי קריה למי ציון הלזה
יהי כאבן תזעק[2] אויה
הלא הוא הבחור וחשוב יצחק נאאון בש ה׳ת׳ק׳ל׳ט

Gens de la ville, si vous demandez à qui est ce mausolée ? Ce sera comme une pierre criant : Malheur ! C'est le jeune et estimé Isaac Nahon. L'an 5539 (= 1779).

13. מצבת זו בן פורת[3] היקר וחשוב שלמה ארייא
נ״ע בא שמשו ט׳ לח׳ אב ש׳ ה׳ת׳ל׳ט

Ceci est la stèle de la *branche féconde*, le précieux et estimé Salomon Arieh, qu'il repose au Paradis ! Son soleil s'est couché le 9 du mois d'Ab 5539 (= 22 juillet 1779).

14. מצבת זו היא מהנבון[4] הנעלה כה״ר
יוסף פיסוח תתעדן בגן עדן
ונפטר לב״ע בז׳ לחדש חשון שנת ה׳ת׳ק׳ס׳א

Cette stèle est celle de l'intelligent et éminent sieur Joseph Pessoaḥ, qui se délecte dans le jardin d'Éden. Il est décédé, parti pour sa demeure ultérieure, le 7 du mois de Ḥeschwan, l'an 5561 (= 26 octobre 1800).

(1) Féminin de Vidas, dans le poème du *Cid*, nous dit M. A. A. Thomas, à moins d'y voir le nom חוה (Eva) traduit.

(2) D'après HABACUC, II, 11.

(3) Attribut du patriarche Joseph, *Genèse*, XLIX, 22.

(4) Le préfixe מ, en tête de ce mot, révèle une incompétence rare chez un rédacteur d'épitaphe. Au lieu de cette préposition (*ex*), il est d'usage de se servir du génitif, tout au plus du datif ל, non de l'ablatif מ.

41. Saïda.

M. le colonel du génie Allotte de la Fuÿe a bien voulu nous communiquer l'estampage d'une pierre tombale provenant du cimetière de Saïda, l'antique Sidon (Syrie), et appartenant à M. Feuardent.

Elle est ainsi conçue :

1	ווי ווי לבני גוריא	ווי ווי מבין גובריא
2	ווי ווי לשר ויליא	ווי ווי כמזאקיא
3	ווי ווי ממלאכיא	ווי ווי עברין גזריא
4	ווי ווי במרירונשן	ווי ווי בנפח נפשן
5	ווי ווי לעינין דמעיון	ווי ווי לבני מעייא
6	ווי ווי דחתרין חתר	ווי ווי ע״כ עז יתר
7	ווי ווי על שאת יתר	ווי ווי אסתר המלכיא
8	זאת מצבת הנקברת	גילת הכותרת
9	הצדקת המאושרת	סלולה בהדרת
10	חסידה וכושרת	צפירת התפארת
11	מרת אסתר המלכה	פה היא הנסתרת
12	אשת חן הגביר השר	הגבר הקים את
13	עולה של תורה כמה״ר	נתן פרחי ז׳צ׳ל
14	תנצבה נלב״ע יום	שק חו אלול שנת התקנ״ז י״ר
15	שזכותה וזכות כל הצדיקים	יהיה עזרא
16	לבניה להצילם מכל צרה	אורך ימים
17	ושנות חיים טובים ושלום	יוסיפו להם
18	עד בא לציון גואל	ותחיית המתים כירא

Cette épitaphe, de date moderne, commence par une curieuse série de doléances, en langue araméenne, qui occupe les sept premières lignes. On doit noter, en ce qui concerne l'exécution matérielle, la particularité que les quatre premières lignes ont été tracées par le lapicide en relief; il en résulte que plusieurs lettres de la ligne 4 sont élimées ou effritées, ce qui rend la lecture un peu douteuse. Pour les quatorze lignes suivantes, le lapicide a renoncé au tracé en relief et les a exécutées en creux. Les hémistiches 1-3 riment entre eux, ainsi que les lignes 8 à 11 ; tandis que les quatrains des lignes 4-5 et 6-7 n'ont que trois hémistiches rimant ensemble. — Au lieu d'une traduction littérale, voici le sens du texte, à partir de la ligne 8 : cette stèle commémore le souvenir d'une vénérable dame, pourvue de toutes les vertus et de toutes les qualités, Esther, épouse de feu M. Nathan Farḥi, décédée le samedi 18 Eloul de l'an 5557 (9 septembre 1797). Après la date, suit une prière en quatre lignes, sollicitant la protection divine en faveur des fils de la défunte, en récompense de ses mérites, « jusqu'au jour de la venue du Messie et de la résurrection des morts. Ainsi soit-il. Amen ».

Pour faire rimer le dernier mot de la ligne 15 avec l'abréviation finale de la ligne 18, écrite כִּי'רָ'א, le scribe a orthographié עזרא (aide), au lieu de עזרה. Pour que cette licence fût poétique, il aurait fallu qu'elle figurât dans une poésie, ce qui n'est pas le cas.

42. Sparte et Mistra.

Il est non moins intéressant de recueillir les vestiges d'épitaphes qui ont en partie disparu; par hasard, on a retrouvé et heureusement conservé la traduction de ces épitaphes. C'est le cas des inscriptions hébraïques provenant de Sparte et de Mistra, dont la version française par Fourmont l'aîné constitue un manuscrit de la Bibliothèque nationale (fonds hébreu, n° 1281).

En outre, un certain nombre d'estampages exécutés dans ces localités sont depuis quelques années entre les mains de M. Isidore Lévy, et il faut espérer que le savant épigraphiste se décidera, un jour, à publier ces textes. En attendant, voici le résumé de la version due à Fourmont l'aîné[1] qui est plus littérale que littéraire, plus ingénue qu'exacte, qu'il faudra reconstituer, compléter et corriger par l'examen direct des stèles funéraires :

2. Iehiel Sarcassi... 20 Tébet 5362 (= 13 janvier 1602).

3. Calomère Thamak, femme de Mard. Medini, 6 Nissan 5385 (= 13 avril 1625).

8. Josua Avigalouvleb... 15 Ḥeschwan 5412 (= 30 octobre 1651).

11. Abraham Cophini... 12 Tébet 5425 (30 décembre 1664).

12 et 13. ...(sans nom)... 1er Ab (sans année).

16. Pical (peut-être pour Mical) Bedaïs... 6 Adar 5400 (= 2 mars 1640).

(1) Des 80 numéros que Fourmont paraît avoir recueillis, le susdit manuscrit n'en contient que 27, se suivant sans méthode, ni ordre chronologique.

18. Simha Choriete, fille de Iehiel Catalani, femme de Juda Belo, 27 Ab 5337 (11 août 1577).

20. Rahel, femme de Benjamin Hakim... 2 Tebet 5448 (=6 décembre 1688).

24. Soltab, femme de Salomon Chatri, 22 Adar I[1] 5346.

25. Rahel Tamar, femme de Chabtaï... (sans date).

27. Michel Nagrin, fils de Chabtaï Nagrin, 28 Cislev 5417 (= 14 décembre 1656).

28. Isaac Aben Rocets (sans date).

29. Juda... (pas d'autre nom)... 29 Schebat 5408 (=23 février 1648).

31. Jacob Sabtaï... 3 Cislev 5346 (=24 novembre 1585).

38. Matilatam, femme de R. Nissim... (sans date).

40. Nissim ben Emanuel Caliriani, 14 Iiar 5338 (=21 avril 1578).

42. Césarée, mère de Daniel Calbo, femme de Raoutal... (sans date).

43. Saltamar, femme de Samuel Islah Mochée, 2 Tebet 5381 (26 décembre 1620).

44. N. (*sic*) et Calomere sa femme (sans date).

45. Salomon ben Jacob Tsamhas, 11 Ab 5334 (=29 juillet 1574).

48. Jacob Aïad, ...24 Schebat 5443 (20 février 1683).

52. Mar Zamila Tamar, 2 Heschwan 5441 (25 octobre 1680).

53. Moche Pacho, ... 24 Schebat 5387 (10 février 1627).

54. Haïm Abdon, ...11 Sivan 5287 (=11 mai 1527).

70. Mose Davigula, ...1er Cislev 5403 (=23 novembre 1642).

71. Simha, veuve de Gabriel de Caputsonal, 11 Cislev 5339 (=11 novembre 1578).

80. Benjamin Garphin, ע' פסח (veille de Pâques) 5382 (=26 mars 1622).

En raison de l'incorrection manifeste de certaines transcriptions, comme par exemple la date du n° 24, et de l'incompétence du copiste, reconnue par les traductions, il serait aventureux d'observer philologiquement les noms propres. Ceux-ci pourtant sont intéressants. Tels sont, par exemple, le nom de femme Calomere (nos 3 et 44), יום טוב « Yom Tob[2] », ou Soltab (n° 24), ou Matilatam (n° 38), comparé à Saltamar (n° 43), etc..

[1] Transcription fautive de date, car l'an 5346, de forme «simple», n'a pas de mois embolismique.

[2] Cf. ci-dessus, II, n° 21, p. 74.

III. LITURGIE.

1. Prose.

Un trait d'histoire littéraire frappe par sa coïncidence dans deux langues assez éloignées l'une de l'autre : le roman et le romaïque. Pour l'ancien français, grâce au commentaire biblique de Raschi, on possède maintenant de longues séries de mots du xie siècle, qui avaient été inconnus jusque-là en philologie française. De même, on a les premiers éléments du néo-grec, à peu près de la même époque, grâce à un petit livre de liturgie juive, qui donne le plus ancien texte en langue grecque vulgaire du moyen âge.

Sans pouvoir déterminer au juste l'époque de la présence des Juifs à Constantinople, on sait seulement, par l'*Itinéraire* de Benjamin de Tudèle [1], que, dès le xiie siècle, il y avait eu dans cette ville 2,000 rabbanites et 500 caraïtes. Les uns et les autres, dit M. Belleli [2], parlaient grec, et tous ont dû venir vers le même temps; car les lois exceptionnellement oppressives sous lesquelles les Israélites vivaient à Byzance, depuis le triomphe du christianisme, ne devaient guère encourager leurs coreligionnaires à venir s'y établir en masse, comme cela s'est produit à la fin du xve siècle, sous l'empire musulman.

Le récit du voyage de Petaḥia de Ratisbonne donne à cet égard une meilleure impression, et Juda al-Ḥarizi de son côté glorifie les communautés juives en Grèce [3].

Pour ces Juifs hellénistes, dont les uns étaient déjà plus familiarisés avec la langue du pays qu'avec l'hébreu, fut faite une traduction littérale du prophète Jonas, bien entendu anonyme, selon la mode du temps; elle était lue à l'office de l'après-midi le jour du *Kippour,* lorsque ce texte biblique fait partie de la liturgie à titre de *Haftara* [4]. Il existe deux manuscrits de cette version : l'un, à Oxford, dans la bibliothèque Bodléienne (petit in-8°, n° 1144), sur parchemin, en très belle écriture, qui doit être ancien, puisque en

(1) Édition A. Asher, texte, t. I, p. 23; notes, t. II, p. 53.

(2) *R. É. J.*, t. XXII (1890), p. 250 et suiv.

(3) Voir J. M. Jost, Beiträge zur Geschichte der Juden im byzant. Reiche, vom ersten Kreuzzuge bis zur Eroberung Constantinopels durch die Turken, 1100-1450, dans *Isr. Annalen*, I (1839), 153-161.

(4) Complément de lecture d'office, à la suite de la péricope du Pentateuque.

tête on lit qu'il a été vendu l'an 1263. L'autre manuscrit est à l'Université de Bologne, n° 3574[a].

Au manuscrit bolonais, M. Modena a consacré une description détaillée[1], dont voici quelques parties : « Ogni verso ebraico è seguito della traduzione servilmente letterale, parola per parola, in lingua neo-greca, o meglio forse in uno dei dialetti greci parlati nelle isole dell' Arcipelago ellenico nel medio evo, trascritto con lettere ebraiche, nella pronunzia orientale, che ne alterava probabilmente il suono quando mancava in ebraico la corrispondenza fonetica delle lettere greche. In generale, le parole, tenuto il debito conto della duplice alterazione prodotto dalla pronunzia volgare vernacula e di quella speciale alla trascrizione in caratteri semitici, sono riconoscibili, ma non bisogno certo pensare di potersi oggi render ragione nè delle flessione verbale, nè delle concordanze sintattiche, nè delle desinenze in generale. »

A cette description, M. Modena a pris soin d'ajouter la publication des trois premiers versets du premier et du second chapitre. — D'après l'avis de ce bibliographe, le manuscrit de Bologne date du xve siècle, et il est par conséquent postérieur d'au moins deux siècles au manuscrit analogue d'Oxford. Une confrontation entre les deux est donc des plus intéressantes.

C'est ce qu'a fait M. D. C. Hesseling[2], au moment de publier le texte complet du petit prophète. Il expose, dans l'introduction, comment il a procédé à cet effet.

Comme base de sa transcription, il a pris le manuscrit d'Oxford, parce qu'il est antérieur à celui de Bologne, et que, dans ses graphies, il est un peu plus conséquent que l'autre, et il déduit du parallèle qu'il n'y a pas de parenté directe entre les deux manuscrits. Le scribe de Bologne a une prédilection pour les formes pleines : il écrit *ke ekatevin, ke eriksan, piisome*[3], lorsque le manuscrit d'Oxford met *k'ekatvin, k'eriksan, pisome* (ainsi restitué : *κ' ἐκατέϐην, κ' ἔρριξαν, ϖοίσωμε*).

D'autre part, l'auteur de Bologne, tout en se servant d'une orthographe plus ancienne (par exemple *ϖοιήσωμε* au lieu de *ϖοί-*

[1] *Cataloghi dei Codici orientali di alcune biblioteche d' Italia*, Fasc. IV, Biblioteca universitaria di Bologna, cod. ebraici (Firenze, 1889), p. 333, n° 12.

[2] *Byzantinische Zeitschrift*, t. X, p. 208-217.

[3] L'éditeur avait reçu, outre la copie du texte, une transcription en caractères latins.

σωμε), n'hésite pas à employer quelquefois des mots plus modernes, puisqu'il a, par exemple, *psari* au lieu de *echtio* (*ἰχτύον*), *zervi* au lieu de *aristera*. Afin de donner une idée exacte des variantes du second manuscrit, notre helléniste en publie la liste complète pour les dix premiers versets du premier chapitre; pour les autres versets, il indique seulement les variantes qui offrent de l'intérêt au point de vue de la langue ou de la signification. Pour le système de transcription adopté par les scribes des deux manuscrits du Jonas, il se contente de renvoyer à son édition du Pentateuque.

Notre éditeur s'exprime ensuite en ces termes : « La version elle-même est d'une littéralité inouïe; dans ce sens, elle surpasse la traduction du Pentateuque, qui offre déjà un texte presque inintelligible à cause de ses hébraïsmes. Ainsi, le traducteur du livre de Jonas rend un adjectif hébreu par un adjectif grec du même genre, même quand le substantif qui précède n'a pas le même genre qu'en hébreu; il écrit par exemple *ἄνεμος μεγάλη* (I, 8), parce qu'en hébreu le mot רוח « vent » est féminin.

« Au premier abord, la langue de la pièce paraît avoir un caractère plus archaïque que celle qu'indique la date du manuscrit d'Oxford. On y lit : *ὕδωρ*, *ὕδατα*, *μέγας*, *οὐ*, *ἐσΊί*, etc. Quoique cette traduction soit de plusieurs siècles antérieure à celle du Pentateuque (qui date de 1547), on fera bien de se méfier de ces formes anciennes.

« Il faut bien admettre qu'au XIIIe siècle on ne disait ni *ὕδωρ*, ni *μέγας*, et l'abus que l'auteur fait de la particule *οὐ*, dont il ne sait pas même la forme correcte [1], prouve qu'il n'avait aucune idée du caractère de ce mot; pour cette particule, il est absolument impossible de penser à l'influence exercée par une rédaction antérieure. Sous ce rapport, on pourrait avoir des doutes sur *ὕδωρ*, *ὕδατα*, *μέγας*, *εχτύον*, etc. On lit aussi dans notre texte : *τοῦ ἀνήρ* (I, 37), à côté de *ἄντρες* (I, 26, 27, 41); or il est invraisemblable que ce mot indéclinable ait appartenu à la langue vivante...

« Je n'insisterai pas sur les particularités grammaticales de cette traduction. Les observations que j'ai présentées sur un sujet analogue dans l'introduction à mon édition du Pentateuque me permettent de ne signaler ici que les faits les plus importants. Au bas des pages, on trouvera quelques notes lexicologiques et l'explication

(1) Comp. *νὰ .... οὐ ἀπολεσΊοῦμε* (I, 17, 85), *οὐ ἐδυνάσΊησαν* (I, 33).

de quelques hébraïsmes. On constatera que cette version est absolument indépendante de celle des Septante.

« Appelons d'abord l'attention sur quelques phénomènes de phonétique et de morphologie : E pour *α*; *ἔκουσες* (I, 48) et *ἐνέϐην* (de *ἀνεϐαίνω*, I, 3) doivent leur *ε* à l'augment (comp. Hatzidakis, *Einleitung*, p. 73; *Pentateuque*, Introduction, p. XLIX). — E pour *ι* (abstraction faite des cas bien connus, comme *ναύκλερος* I, 15, etc.); *ἐχτύο* (I, 43, 46, 62); *ἐϐρισμός* (I, 40, etc.). E pour *ο* : *ἐφθαλμῶ*, *ἐργίστην* (I, 112, même explication que pour *ἔκουσες*, etc.).

« M. Karl Dieterich[1] a recueilli beaucoup d'exemples de ces changements énigmatiques, il a tâché d'englober tous ces cas, d'une variété désespérante, dans des règles fixes; mais, à mon avis, il n'y a pas réussi. Nulle part les *ε* anormales ne sont plus fréquentes que dans les textes provenant de l'Égypte, où dans beaucoup de cas il faut penser aux effets du copticisme[2]. Seulement, cette explication ne convient pas à notre texte, où presque toujours le changement se produit dans les syllabes non accentuées et qui n'offre aucun exemple du copticisme le plus répandu.

« On aurait tort de voir dans ces mots des fautes d'orthographe. Il est vrai que, dans les manuscrits, la différence qui existe entre *tséré* ֵ et *segol* ֶ est petite. Mais d'abord, le manuscrit d'Oxford est d'une écriture bien soignée; puis, pour la plupart de ces mots, les deux manuscrits sont d'accord, et il serait bien étonnant que le scribe se fût trompé trois fois dans le même mot *ἐχτύο*.

« Dans *μεταμελεθῇ* (I, 84) et *ἐφοϐέθησαν* (I, 20), on ne doit pas voir un changement phonétique. J'ai expliqué ces formes dans l'Introduction au Pentateuque (p. LV). La confusion entre les aoristes en *-ηθην* et en *-εθην* se manifeste en sens inverse dans *ἐπικαλήστησαν*, *ἐπικαλήστηκα* (I, 36, 47). Je vois dans ces mots des contaminations de *ἐπικλήθην*, avec des formes de *χαλῶ* qui ont *s*.

« I devant une voyelle reste toujours voyelle : *προφητεία* (I, 1), *παραϐίου* (I, 14), etc. C'est une particularité qui distingue la langue de notre texte d'avec celle de la traduction du Pentateuque (comp. Introduction, p. XXVIII). — Dans deux mots, il y a chute de *ι* après *κ* : *σακκά* (I, 81) et *σκάσει* (I, 103), pour *σακκία* et

[1] *Untersuchungen zur Geschichte der griech. Sprache* (Leipzig, 1898), p. 3 et suiv.

[2] Cf. *Museum* (Groningue), VI, 1899, col. 324 et suiv.

σκιάσει. Des cas analogues se trouvent en grand nombre dans le Pentateuque de Constantinople (Introduction, p. XXII et suiv.). Dans notre pièce, ces formes doivent peut-être leur existence à une négligence du scribe, quoique pour *σακκά* Oxford et Bologne soient d'accord. Il m'est plus difficile d'expliquer de la même manière, avec M. Belleli (I, 1, p. 134 et suiv.), les phénomènes analogues que présente le texte du Pentateuque. S'il fallait chercher la cause de cette chute dans la difficulté de rendre les consonnes plus palatales du grec par un *coph* hébreu, on s'attendrait à trouver dans ce dernier texte beaucoup de *yods* anormaux. Il est presque impossible de voir, dans tous les cas cités p. XXIII de mon Introduction, des graphies inverses.

« La graphie de *n* final ne semble soumise à aucune règle. Le scribe de Bologne en abuse beaucoup : il écrit *καραβίουν* (I, 14), etc. Notons la déclinaison *βασιλέον* (I, 77), *βασιλέο* (I, 74) (comp. Psichari, *Essai de grammaire historique néo-grecque*, II, p. 55), et *θαλασσον* (I, 49). Comp. Hatzidakis, *Einleitung*, p. 54 et suiv. Le pronom personnel est rendu d'une manière assez étrange. On y trouve *σ7ολὴν αὐτόν* (I, 75), *τὴ ψυχή αὐτόν* (I, 109), à côté de *τὴ ψυχή μου*, *θανατός μου* (I, 96, 97), etc. L'hébreu n'exigeait pas cette anomalie : il n'y aurait eu aucune difficulté à rendre toujours le pronom possessif (qui, en hébreu, s'exprime à l'aide d'un suffixe) par le génitif du pronom personnel. La locution *ἀπὸ ὀργὴν θυμὸν αὐτόν* (I, 85), pour *ἀπὸ ὀργὴν θυμοῦ αὐτοῦ*, semble indiquer que notre auteur a eu, dans ces tours de phrase, l'idée singulière de rendre le terme conséquent de l'hébreu par un accusatif. Son confrère de Constantinople a fait de même quand il écrit : *ἡ γῆς τὶς κατοικές τους*, pour *la terre de leur(s) séjour(s)*.

« *Conclusion :* Comme cette version est d'une date très reculée, elle a de la valeur pour la linguistique néo-grecque, en ce qu'elle fournit des exemples assez anciens de constructions modernes et de formes curieuses. La langue du texte ne nous autorise pas à le localiser, ni à le dater d'une façon plus précise que le permet l'indication fournie par le manuscrit d'Oxford : il est probable que la rédaction ne remonte pas beaucoup plus haut que le XIIe ou le XIIIe siècle. »

Toutefois, en 1547, les descendants des Rabbanites du XIIe siècle ont fait imprimer pour leur usage un Pentateuque polyglotte, publié par l'imprimeur Eliezer Bekhar Gerson Soncino. Cette édition comprend, outre le texte hébreu et le commentaire de Raschi, les trois versions suivantes : le Targoum, ou paraphrase chaldéenne dite d'Onkelos, la version espagnole et la version grecque, l'une et l'autre imprimées en caractères hébreux [1], citées par Richard Simon [2] et J. C. Wolf [3], ainsi que par Le Long, dans une œuvre anonyme [4] et par And. Gottlieb Masch (*Bibliot. sacra,* pars II, t. II, sectio II). C'est un monument très intéressant pour l'histoire de la langue grecque, comme le savant Corfiote précité l'a montré, en publiant dans la *Revue des études grecques* (1890) les quatre premiers chapitres de la *Genèse* selon cette version. Celle-ci, dit-il, a l'avantage singulier de nous offrir le patois grec de Constantinople, sans aucune tentative de correction, ni de rapprochement avec l'idiome classique. L'auteur de notre version n'est pas en mesure de suivre l'exemple des savants. Il connaît le grec contemporain, parce qu'il l'a parlé dès son enfance, dans sa famille et avec ses amis. Rien n'indique que cet auteur ait étudié la littérature grecque, comme l'avaient fait Philon et Josèphe. Ni la décadence générale des études en Orient, ni l'isolement forcé des Israélites, n'auraient permis à notre traducteur de s'adonner à une occupation pareille. Grâce à cette ignorance du grec littéraire, nous avons la langue parlée alors à Constantinople par un illettré.

« Un peu plus tard, en 1576, Moïse, fils d'Élie Phobian, ou Pobian, a publié dans la même ville la traduction grecque du livre de Job, ayant pour but explicitement indiqué, — nous dit encore M. Belleli [5], — de faciliter par là l'enseignement de la langue hébraïque. — On est peu renseigné sur le nom d'auteur de la version grecque du Pentateuque. A la dernière page, après un nom placé sous la colonne destinée à la version espagnole, on lit ces noms :

אבינדור בן הר"ר אליעזר צריט (צריט ou) אשכנזי שלי"ט

Mais on ne saurait affirmer si ce sont les noms du traducteur, ou ceux de l'éditeur.

(1) A la Bibliothèque nationale de Paris (cote A 244, invent. 470), ainsi qu'à Breslau, Amsterdam et Parme.

(2) *Hist. critique du Vieux Testament,* I, l. II.

(3) *Bibliot. hebræa,* t. IV, p. 101-103.

(4) *Discours historiques sur les principales éditions des Bibles polyglottes* (P., 1713), p. 43.

(5) *R. É. J., ibid.* A ce travail est empruntée toute la présente analyse.

« Le traducteur grec, qui très vraisemblablement ne connaissait d'autre interprétation du Pentateuque que la version chaldéenne dite d'Onkelos, se borne à donner tout simplement, même avec une exactitude excessive, la traduction littérale et mot à mot du texte, sans se soucier du sens de l'ensemble, bien qu'il s'efforce toujours de trouver le sens étymologique des termes. Tout pareillement, la version grecque de Jonas, dans le susdit manuscrit de Bologne, rend les termes עיר גדולה par *κάσlρο μεγάλη*, c'est-à-dire qu'avec un substantif neutre *κάσlρο* (en latin *castrum*) il met l'adjectif au féminin : *μεγάλη*. Cela provient de sa persistance dans le système de la littéralité, à traduire un adjectif féminin en hébreu, גדולה, par un féminin grec. Plus tard, le traducteur du Pentateuque polyglotte ne se prête plus à des incorrections de ce genre. Son œuvre intéresse l'histoire de l'idiome gréco-romaïque : c'est un document inappréciable de l'état dans lequel était cet idiome avant que l'invasion de la langue turque l'ait altéré et défiguré, avant d'atteindre la forme du grec vulgaire tel qu'il est parlé de nos jours par le bas peuple en Orient.

« L'idiome dans lequel est écrite cette version grecque est toujours pur. A peine se ressent-il d'une influence du latin qui date d'une époque très éloignée, de la fondation de Constantinople. A l'époque où cette traduction fut écrite, la flexion des noms tendait à se simplifier de plus en plus. On n'y trouve plus à peu près qu'une seule déclinaison, celle de l'article. Ainsi par exemple le mot *σlόμα*, qui à l'époque classique était de la troisième déclinaison, forme son génitif selon la seconde déclinaison : *σlομάτου*, au lieu de *σlόματος*; *τὸ ὄνομα τοῦ ἑνοῦ*, au lieu de *ἑνὸς*. De même, *γονιοὶ* est substitué à *γονεῖς*, formé sur le modèle de l'article *οἱ*; ou encore *γέρον* au lieu de *γέροντα*, comme l'accusatif de l'article.

« On remarquera la formation du temps futur par la particule *να* et l'aoriste du subjonctif, au lieu de *θὰ*, contraction de *θὲ* (*θέλω*, *θέλεις*, *θέλει*) et *νά*. Exemples : *νὰ δῇ*, *νὰ κρίνῃ*, qui correspondent aux futurs hébreux יראה, ידין. — La 3e personne de l'aoriste passif prend à la fin un *ν*, qui à l'origine peut avoir été une simple nasalité. — Il y a des mots rares, aujourd'hui hors d'usage : par exemple *ψέγος*, « défaut »; l'adverbe devenu substantif *τὰ οὐδετίποτε*, « les riens » (les choses vaines), « les idoles », בהבליהם, *σκέπος* « abri »; le verbe *ἐχέρισε*, dans l'acception de « il commença », correspondant bien au français « mettre la main » à une œuvre; *ἐπαινιά*, employé pour expliquer le mot שירה « chant », et qui dans ce passage peut avoir remplacé le mot *παραίνεσις* « exhortation ». En effet, le petit poème constituant le chapitre XXXII du *Deutéronome*, d'où ces exemples sont tirés, est du genre exhortatif. Un mot très singulier est le verbe *νὰ πιωθῇ*, futur périphrastique dans le sens de יאמר « il sera dit » (*Gen.*, X, 9). Notre traducteur a évidemment employé ce verbe comme passif de l'aoriste *εἶπον*. Aujourd'hui, au contraire, on dit *πιωθῇ* dans le sens du classique *ποθῇ* « qu'il soit bu ». Voici ce mot dans la transcription hébraïque vocalisée : נַאפִּיוֹתִי.

« Une caractéristique de cet idiome est la rareté du son moderne *τσ*. Le mot *ἐκλώτσεψεν* « il rua » est une corruption phonétique de *ἐκλώσσησε*, verbe qui désigne l'action de la poule qui couve. *ἔκασαν* « ils s'assirent » est au lieu de la forme plus commune *ἔκατσαν*; *ἔσι* « ainsi » au lieu de *ἔτσι*, adverbe dérivé peut-être de l'adjectif *ἴσος* « égal, droit, juste »; donc *ἔσι* signifierait : « c'est juste ».

« Certaines anomalies de syntaxe sont-elles imputables au désir du traducteur d'imiter la construction de l'hébreu, ou aux transformations qu'avait alors subies la langue grecque ? Par exemple : *εἰς μέτρος* (= *ἀριθμὸν* מספר); *παιδιά*, pour *παιδιῶν*; *πατέρας ὅλα τά παιδιά τοῦ Ἔβερ*, pour *ὅλων τῶν παιδιῶν*; *γενιά γερίσματα* pour *γερισμάτων*. Il se peut que le manque de déclinaison en hébreu ait influé sur le traducteur. Il en est de même de l'invariabilité du pronom relatif *ὅς*. Exemple : *εἰς ὅλα τὰ λόγια, ὅς ἐγώ μαρτυρῶ*, où un masculin singulier répond à un neutre pluriel. C'est encore une irrégularité due apparemment à l'invariabilité de l'hébreu אשר « qui ».

Finalement, voici des substantifs d'origine latine : *σαϊέταις* = *sagittae* « flèches »; *κελλάρια* = *cellae* « chambres »; *τέδαις*, du verbe *tendo*, « tentes ».

Une autre œuvre analogue mérite d'être au moins mentionnée, à titre de corollaire de la précédente. Sous le titre de מאירת עינים [1], un caraïte nommé Éli Afeda Beghi, qui était tout glorieux de sa descendance sacerdotale, מגזע הכהנים, a composé une version

[1] Pour éviter toute confusion possible, il faut prévenir qu'il ne s'agit pas ici de l'œuvre écrite sous le même titre par Isaac b. Juda Löb, ni de celle due à Josef Heilbronn, ni de celle de Josua Falk Kohen, toutes trois imprimées. — Il se peut que le nom Afeda, אפידה, corresponde à Effendi, et soit emprunté à *αὐθέντης*, comme le propose M. Ab. Danon (ci-après, fin) : c'est bien douteux.

grecque avec commentaire de la Bible, au XVIIe siècle, dédiée à son fils aîné Salomon. Dans la préface (reproduite dans un manuscrit de M. le grand rabbin Danon), on lit ces mots : ובאורי אשר אבאר את התורה והמקרא יהיה בלשוננו המרגלת...וכונתי לפרשם בלשון רומַאִיקו. « Le commentaire par lequel je veux expliquer la Loi et les Prophètes sera composé dans notre langue usuelle... Mon intention est de l'exposer en langue romaïque. »

Pour les chapitres chaldéens de Daniel et d'Ezra, l'auteur a composé une traduction suivie, complète, du texte entier; tandis que, pour le reste de la Bible, notre auteur s'est contenté de traduire les mots difficiles.

2. Vers.

Il s'est donc écoulé un assez long espace de temps, d'au moins deux siècles, entre la traduction d'un petit prophète, du livre de Jonas [1], lue sous forme d'intermède pendant l'après-midi de la solennité du Grand Pardon, — d'une part, — et les grandes traductions du Pentateuque entier, pour les offices hebdomadaires de chaque samedi, ou à l'usage des particuliers, — d'autre part. — Durant cet intervalle, sont nées des productions littéraires, plus courtes mais plus originales, dûment versifiées sous forme de cantilènes ou d'élégies, rédigées en néo-grec, sous l'inspiration des idées bibliques.

En m'envoyant les copies de quatre épitaphes hébraïques datées des XVIe-XVIIe siècles, publiées plus haut [2], le savant recteur de l'Université d'Athènes, M. Spiridion Lambros, a bien voulu m'adresser en même temps copie d'une hymne inédite, en langue grecque, écrite en caractères hébreux, prise dans un vieux rituel manuscrit qui appartient à la communauté juive de Chalcis. L'intérêt de ce texte réside dans sa rareté; il a peu de congénères.

De fait, c'est probablement en 1881 qu'il a été question pour la première fois de cette sorte de poèmes. Au cinquième Congrès des Orientalistes tenu à Berlin, M. Sp. Papageorgios a lu une dissertation sur les hymnes juives en usage parmi les Israélites de Corfou.

(1) Voir S. Lambros, *Collection de romans grecs* (P., 1880), introduction, p. VIII. Cf. Romanos, *Hist. des Juifs à Corfou*, résumée en français dans *R. É. J.*, t. XXIII, p. 64 et suiv.

(2) P. 90 à 92. Cf. même *Revue*, t. LVIII (1909), p. 110 et suiv.

Dans leurs synagogues, dit-il[1], outre des hymnes en hébreu biblique, il y en a aussi qui sont rédigées en grec, d'autres en italien et même en portugais (sans doute également en espagnol). Parmi les rares vieux manuscrits hébreux de la communauté juive, il en est de remarquables, dont il est fait usage dans la plus ancienne des quatre synagogues subsistantes, à savoir dans la synagogue grecque.

Quand ces poèmes ont-ils été composés? On ne saurait le dire au juste. Ils datent probablement de la présence des premiers Israélites qui sont venus habiter l'île, au moins vers le commencement de la Renaissance.

La valeur de ces textes est plus importante pour la liturgie qu'au point de vue de leur relation avec l'histoire moderne. Ils semblent prouver que les premiers Juifs arrivés en Grèce, spécialement à Corfou, se servaient, sinon exclusivement, du moins fréquemment, de la langue du pays adoptif, jusque dans l'exercice de leur culte.

A ce propos, l'auteur précité donne comme spécimen une hymne de ce genre hybride, semi-grec, semi-hébreu, en huit strophes dont voici la première :

Ἕνας ὁ Κύριος ὁ Θεός,
παντοκράτωρ καὶ ζωντανός,
δίχως στόρηση καὶ κορμί,
וישראל הללויה

Les deux derniers mots hébreux, « Et Israël Alleluia », forment le refrain de chaque strophe. Dans son recueil mensuel Ὁ *ἰσραηλιτὴς χρονογράφος* (an I, 1900, n° 11, p. 2), M. Xaimi a reproduit les huit strophes, sous le titre de *Ὕμνος ᾄδομενος ἄλλοτε ἐν ταῖς συναγωγαῖς Κερκύρας κατὰ τὴν Πεντηκοστήν*. Il nous apprend ainsi à quelle fête se réfère cette hymne, et il exprime la réserve que les strophes 7 et 8 sont d'un autre poète que le reste.

Le même recueil (n° 2, p. 3) contient des fragments analogues, 70 vers, tirés d'un vieux manuscrit de même origine, également en caractères hébreux. Voici les deux premiers vers transcrits en grec :

Ἀκούστε με ἀφέντες μοῦ, ἄς εἶν' γιά τή ζωή σάς.
ἀκούσετε με ἄρχοντες, κάλοι Ὁβραῖοι καὶ ἄξιοι.

[1] *Communications*, 2e partie, t. I, p. 226-232. Cet article, rédigé en allemand, a été traduit ensuite en italien, dans le *Mose*, t. V, p. 314 et suiv.

On voit que ces lignes sont inspirées du langage biblique d'Isaïe et d'autres prophètes. Un vers remémore les grandes fêtes, en ces termes :

τὴν Πασκαλιὰ καὶ τὸ Πουρὴμ καὶ τὴ Μεγάλη μέρα.

L'auteur a donc placé la fête d'Esther au rang des plus grandes solennités, entre Pâques et les « grands jours », c'est-à-dire entre le nouvel an et le grand pardon.

La pièce se termine par les lignes suivantes :

ὁ Θεὸς νὰ μᾶς παρηγορᾶϊ ἐμὸν κ' ὅλο τὸ Ἰσραήλ.
νά μᾶς βγάλη ὀχ τὸ Γαλοὺτ τὸ φοβερὸ καὶ μέγα
νὰ πέψη τὸν Μασσιαχ μᾶς σ1ὴν ἅγια Ἱερουσαλάημ.

Depuis lors, le même helléniste (M. Papageorgios) a fait paraître deux longues complaintes de style semblable, composées pour le jeûne du 9 Ab, en commémoration de la destruction du temple de Jérusalem, sous ce titre : Ἑβραιο-Ἑλληνικὰ Ἐλεγεῖα (Athènes, 1901). Ces élégies constituent quatre poèmes publiés (d'après l'original) en hébreu vocalisé, et accompagnés d'une transcription grecque en regard, à l'usage des non-hébraïsants (1).

Cependant, la plus riche collection de cette nature se trouve à la bibliothèque Bodléienne d'Oxford, parmi les manuscrits du fonds hébreu, sous les nos 2379, 2503, 2504 et 2506; ajoutons que le n° 2892 est un emprunt au rite espagnol pratiqué à Corfou, où l'on peut lire ces mots (en caractères hébreux) : « Idio, dia sempre gloria y vittoria al nostro principe! » Dans ces recueils, il n'y a pas moins de dix hymnes, dont les unes sont écrites en judéo-grec (grec en caractères hébreux) seulement; d'autres comprennent un texte hébreu avec version judéo-grecque en regard. La première des pièces du n° 2504 constitue précisément un duplicata de l'hymne qui nous a été envoyée d'Athènes par M. Lambros.

Dans celle-ci, il faut bien le reconnaître, la transcription est jolie comme calligraphie de l'hébreu carré; mais elle laisse à désirer comme placement des points-voyelles. Nous ne pouvons en juger que d'après la vocalisation du refrain hébreu, vu notre incompétence dans la bizarre orthographe de ce texte, dont les nuances dialectales sont curieuses. A ces défectuosités de lecture, il est heu-

(1) Sur le même sujet, le Dr Nikos Bees a fait une communication au XVIe Congrès des Orientalistes, à Athènes, en avril 1912, pour démontrer que ces élégies sont des compilations de chants plaintifs, en néo-grec.

reusement loisible de remédier, par une comparaison littérale avec l'exemplaire plus complet de la même hymne qui se trouve à Oxford. Grâce à l'obligeante intervention de M. le bibliothécaire Cowley, une photographie a été faite du texte conservé à la Bodléienne, n° 2504, 10, qui diffère de celui de Chalcis, non seulement par de nombreuses et importantes variantes, mais aussi par un surcroît notable de strophes. Le texte de Chalcis a seulement dix strophes; celui d'Oxford en a vingt-quatre. Ce dernier en raison du nombre bien supérieur de ses strophes, doit avoir précédé l'autre texte, qui n'est sans doute qu'un extrait, par conséquent plus récent, du texte antérieur, tel qu'il se trouvait à Corfou. Faut-il en tirer la déduction que la communauté juive de Corfou, d'où le plus long texte est originaire, était antérieure à la petite communauté de Chalcis? C'est possible, mais non formellement prouvé, puisqu'une inscription de dédicace espagnole à Chalcis est datée de l'an 1326 (1). Appelons A le texte d'Oxford, copié en l'an 5534 de l'ère juive (= 1774 de l'ère chrétienne), et B le texte de Chalcis. En les collationnant et en les corrigeant mutuellement, M. Hubert Pernot a pu reconstituer une transcription en lettres grecques, qu'il a bien voulu nous traduire ensuite et accompagner de notes critiques. Qu'il reçoive ici nos remerciements.

ΠΙΣΜΟΝ (2) τῷ Πoῦριμ (3).

I

Ἄξιε καὶ δυναμωμένε,
στὰ ὀράνια καθισμένε (4),
στοὺς ἀγγέλους παινεμένε (5),
δὲς τὸ λαό σου πῶς κλαίνε
καὶ τὸ ντέρτι τους σοῦ λένε.

(*Refrain en hébreu :*)

Dieu vivant miséricordieux, roi [véridique.

II

Ξύπνα, ἰδὲς τὸ κάθισμά του (6),
κάμε γιὰ τὸ ὄνομά σου,
λεημονήσου τὰ παιδιά σου,
καρτεροῦν τὴ λευτεριά σου,
δεῖξε τὰ θαυμάσματά σου.

(*Refrain.*)

(1) Publiée ci-dessus, partie II, § 34, p. 90.

(2) Altération médiévale de *ψαλμός*, ayant le sens de «cantique». Cf. *Orient. Literaturblatt*, IV, 605 (voir pl. IV-XI).

(3) On n'ignore pas que ces sortes d'invocations se composent généralement de centons bibliques visés ici par de simples réminiscences.

(4) Allusion au *Ps.* II, 4.

(5) Voir *Ps.* CIII, 20. Cette strophe I a de l'analogie avec la prière quotidienne du *Schmoné essrê* (18 bénédictions).

(6) *Ps.* VI, 5.

פזמון טו פור״ם

I

אקסיהי קי דנאמוני אסטה
אורניה קתיסמני טוס אנגילוס
פינימני · אידיס טון לאון סו פו
קלני · קי טו דרטי טוס ליני
אל חי רחמן מלך נאמן :

II

ירי אידיס טו קאתיסמסו ·
קאמי קי יהטו אונומאסו
לימוניסו טה פידיאסו
קרטירון תין לפעירצסו
דקסי טה תבמסמא טסו
אל חי רחמן ···

III

תיאי פו אפלהסס אורניה
תלסה קיטה פושאמיה
אסינה פריפי פריפניה
לימוניסו טין אורפניה
קיטקסי אפוטה אורניה
אל חי רחמן ···

IV

מיאה פילי קסיתיאלגמני
אפו טו נון סו מיסו ויני
פאנדחו פו איני גרמני
אוס תיסוסי תלי איני
איס טון תיאו אקונבימני
אל חי רחמן ···

V

דיני פוס טון פדיבמינון
קי נדו טון דפסאסמנון
לפטיריה טון אסקלבומנון
קי פסומי טון פינסמינון
קי פסיחי טון פתאמינון
אל חי רחמן ···

VI

איפה יה נא מולוגיסו
פרין נא קסיפסיתיסו
טה פריאסו לימוניסו
מה קרימאתה ליסמוניסו
פרין טו סטומו נקלסו
אל חי רחמן ···

VII

מין מיגאלי מוליאסו
פולה מה תבמאסמתאסו
קי פולי אי אנדריהסו
פו אקמיס מימה פקיאסו
טרומקסאן מה פלסמאתאסו
אל חי רחמן ···

VIII

תלסה אפיה או בוריהסו
אסטגנוסי אפו אמרוסתסו
נה פירסון תה פדיאסו
איקמיס יה טונומאסו
קי אידן תה תבמסמאטאסו
אל חי רחמן ···

IX

סגניפו ארתן אמרוסטסו
סגניפו אולו יראסו
קי פוטיה פאה אמברוסטסו
פני טו פרפאתימאסו
קיאנגילוס אפו קונדסו
אל חי רחמן ····

X

מאפלסיס ג׳יברניסימי
אפו דרטיה גליטוסימי
מדובלתי חורטאסימי
קי מירוחה סמולסימי
אסמו גן עדן אמבסימי
אל חי רחמן מלך נאמן

III

Κύριε, ϖόπλασες ὀράνια,
θάλασσες καὶ τὰ ϖοτάμια[1],
σένα ϖρέπει ϖερηφάνεια[2]
λεημονήσου τὴν ὀρφάνεια,
κοίταξε ἀπὸ τὰ ὀράνια[3].
(*Refrain.*)

IV

Μιὰ φυλὴ ξεδιαλεμένη
ὀχ τό νοῦ σου μὴ σοῦ βγαίνῃ,
ϖανταχοῦ ϖοῦναι γραμμένη,
ὡς τὴ σώσῃ θέλει γένει
σ7ὸν θεγὸ ἀκκομπημένη[4].
(*Refrain.*)

V

Δίνε φῶς τῶν ϖαιδεμένων,
καὶ νερὸ τῶν διψασμένων,
λευτεριὰ τῶν σκλαβωμένων
καὶ ψωμὶ τῶν ϖεινασμένων[5],
ψυχὴ τῶν ἀπεθαμμένων.
(*Refrain.*)

VI

Εἶπα γιὰ νὰ μολογήσω
ὀμπριοῦ νὰ ξεψυχήσω ·
ϖοῦθε νὰ ϖρωτοαρχινήσω[6];
ξέρω ϖοῦθελα σασ7ίσω,
ϖρὶν τὰ χείλη μου νὰ κλείσω.
(*Refrain.*)

VII

Ποῦ νὰ ἰδῇ τὰ ϖλάσματά σου
ἀγρικάει τὴν ἀντρειά σου,
τρέμει ἡ γῆς ἀπὸ μπροσ7ά σου[7]
τἄπονα, τὰ δυνατά σου
σειόνται ἀπ' τὸ τήρημά σου.
(*Refrain.*)

VIII

Ἔδωσες σ7ὸν κόσμο χάρη,
τὸν ἥλιο καὶ τὸ φεγγάρι,
ὅλα τἄπλασες ζευγάρι,
τὸ σίρκο θηλκὸ νὰ ϖάρῃ[8]
κοῦπρα μὲ τὸ ϖαλληκάρι.
(*Refrain.*)

IX

Χάρισέ μου τὴ ζωγή μου,
λεημονή σου τὴν ψυχή μου[9]
ϖαίνεσή μου καὶ τιμή μου[10]
θάρρος μου καὶ ϖαντοχή μου,
ἐσὺ ξέρεις τὴ βουλή μου.
(*Refrain.*)

X

Ἔναν, Κύριε, τὄνομά σου,
καὶ ὅλα εἶναι ϖλάσματά σου,
καὶ οἱ ἄγγελοι κάμωμά σου,
καὶ ἐμεῖς ἡ μαρτυριά σου,
δὲν ἐ δεύτερος σιμά σου[11].
(*Refrain.*)

(1) NÉHÉMIE, IX, 6.
(2) Voir I, *Chr.*, XXIX, 11.
(3) *Ps.* XXXIII, 13.
(4) JÉRÉMIE, XVII, 7.
(5) Voir *Ps.* CXLVI, 7.
(6) Voir MICHÉE, VI, 6.
(7) Voir *Ps.* XVIII, 16; I *Chron.*, XVI, 30.
(8) Voir JÉRÉMIE, XXXI, 13; *Ps.* CXLVIII, 12.
(9) Voir *Ps.* VI, 4.
(10) *Ps.* III, 4.
(11) *Ps.* XVIII, 22.

XI

Ποῦ σὲ κράξῃ μὲ καρδιά του
ἐσὺ βρίσκεσαι σιμά του[1],
κοὺς τὸ παρακάλεσμά του,
ὀχ τὰ ζηλερὰ δικά του
γένεται τὸ θέλημά του[2].
(*Refrain.*)

XII

Ποῦ θελὰ παρακαλέσῃ,
τὴν καρδιά του νὰ παστρέψῃ[3],
καὶ ὅ τι θέλει ἂς γυρέψῃ,
ὁ θεγὸς νὰ τοῦ τὸ πέψῃ,
σ' ἄνθρωπον νὰ μδὲ θαρρέψῃ[4].
(*Refrain.*)

XIII

Τ' εἶν' μεγάλη ἡ μολογιά σου,
πολλὰ τὰ θιαμάσματά σου[5],
καὶ πολλὴ ἡ ἀντρειά σου
πὄκαμες μὲ τὴ δεξιά σου,
τρόμαξαν τὰ πλάσματά σου[6].
(*Refrain.*)

XIV

Θάλασσα ἤπιε ὁ βοριᾶς σου[7],
στέγνωσε ἀπὸ μπροστά σου,
νὰ περάσουν τὰ παιδιά σου,
νὰ παινέσουν τὄνομά σου,
ποῦ εἶδαν τὰ θιαμασματά σου.
(*Refrain.*)

XV

Σύγνεφο εἶχαν ὀμπροστά τους,
σύγνεφα ὁλοτρόγυρά τους[8].
καὶ φωτιὰ φάνη ὀμπροστάτους,
φέγγει στὸ περβάτημά τους,
καὶ ἄγγελος ἀπὸ κοντά τους.
(*Refrain.*)

XVI

Μ' ἔπλασες, κυβέρνησέ με,
ἀπὸ ντέρτια γλύτωσέ με,
μὲ ντουβλέτι χόρτασέ με[9],
καὶ μὲ ροῦχα στόλισέ με,
στὸ Κενέτι κάθισέ με.
(*Refrain.*)

XVII

Χάρισε τὰ κρίματά μου[10],
γιάτρεψε τὴν ἀρρωστιά μου[11]
κάμε μου τὸ θέλημά μου,
πάστρεψέ μου τὴν καρδιά μου
καὶ τὰ συλλογίσματά μου.
(*Refrain.*)

XVIII

Ὁ θεγὸς ποῦ κάνει κρίση[12]
ὄντα θελὰ μ' ἀβοθήσῃ,
ποιὸς εἶναι νὰ μ' ἀνικήσῃ;
Αὐτὸς κάνει ὅ τι θελήσῃ,
ποιὸς εἶναι νὰ τὸ γυρίσῃ;
(*Refrain.*)

(1) *Ps.* CXLV, 18.
(2) *Ezra*, X, 11.
(3) *Ps.* XV, 3.
(4) JÉR., XVII, 3; *Ps.* CXLVI, 3.
(5) Voir I *Chron.*, XVI, 12.
(6) *Exode*, XV, 16; *Ps.* CXVIII, 16.
(7) *Exode*, XV, 8, 10, 16; *Ps.* CIV, 30.
(8) *Exode*, XIV, 19, 20.
(9) *Ps.* CIII, 5.
(10) *Ps.* LI, 3.
(11) JÉRÉMIE, XVII, 14.
(12) *Genèse*, XVIII, 25; *Ps.* CXVIII, 6.

XIX

Βιὸ καὶ ϖλούτη δὲ ζηλεύω,
σʼ͂ὴν τιμή σου ἐγὼ ϖορεύω.
Κύριε, ξεύρεις τί χαλεύω[1],
νύχτα μέρα τὸ γυρεύω,
σʼ͂ὄνομά σου ἐγὼ θαρρεύω[2].
(*Refrain.*)

XX

Ἔφταιξα, συμπάθησέ με.
ϖλῦνε με καὶ ϖάσʼ͂ρεψέ με[3],
γιὰ τὸ κρίμα ϖαίδεψέ με,
καὶ ὀχ τὸ λάκκο γλύτωσέ με,
σʼ͂ὴν δεξιά σου κάθισέ με[4].
(*Refrain.*)

XXI

Τάχα ϖοῦ θέλω νὰ φάνω,
ὕσʼ͂ερα ὄντας ϖεθάνω;
μὲ τὰ κρίματα ϖοῦ κάνω[5]
καὶ σʼ͂ὸ νοῦ μου δὲν τὰ βάνω,
καμιὰ γιατρειὰ δὲν κάνω.
(*Refrain.*)

XXII

Θελὰ κάμω γκαίρέτι,
ὅσο ϖόχω τὸ κουβέτι,
νὰ γυρίσω σιμπαθέτι,
νὰ κερδέξω τὸ Κενέτι[6],
κάμε μου μέρα χαμέτι.
(*Refrain.*)

XXIII

Πλανέτης εἶν' ϖοῦ ϖλανάει[7],
αὐτὸς εἶν' ϖοῦ μὲ χαλνάει,
μὲ κοιμάει, δὲ μὲ ξυπνάει[8],
καὶ μοῦ λέ· Χαροῦ τὸ Μάη!
κ' ἀπαύτως μὲ μαρτυράει.
(*Refrain.*)

XXIV

Μ' ὅρισε καὶ μέσα κ' ὄξω,
δὲν μπορῶ νὰ τὸν ἀμπώξω,
Κύριε, ἀβόηθα νὰ τὸν διώξω,
καὶ βολάκι νὰ ϖροκόψω,
ἀπὸ μὲ νὰ τὸν ξεκόψω.
(*Refrain.*)

TRADUCTION.

Cantique pour Pourim.

I. Digne et puissant, — assis aux cieux, — loué chez les anges, — vois comme ton peuple pleure — et te dit sa peine.

II. Éveille-toi, vois ton siège : — fais(-le) pour ton nom, — aie pitié de tes enfants, — ils attendent ta libération, — montre tes miracles.

(1) *Prov.*, XXX, 8.
(2) *Ps.* CXVI, 9.
(3) *Ps.* LXXXIV, 13.
(4) *Ps.* LI, 9.
(5) *Ps.* CX, 1.
(6) *Ps.* XXV, 18.
(7) NÉHÉMIE, IX, 17.
(8) I *Sam.*, XXVI, 12,

III. Seigneur, qui as créé les cieux, — les mers et les fleuves, — à toi convient l'orgueil, — aie pitié des orphelins, — regarde du haut des cieux.

IV. Qu'une tribu choisie — ne sorte pas de ton esprit; — partout où elle est inscrite, — jusqu'au salut elle sera — appuyée sur Dieu.

V. Donne la lumière aux tourmentés, — et l'eau aux assoiffés, — la liberté à ceux qui sont en esclavage, — le pain aux affamés, — l'âme aux trépassés.

VI. J'ai songé à me confesser, — avant de rendre l'âme. — Par où commencer? — Je sais que je perdrais la tête, — avant de fermer mes lèvres.

VII. Quiconque voit tes créatures — comprend ta valeur; — la terre tremble devant toi; — tes (créatures) cruelles et fortes — sont ébranlées par ton regard.

VIII. Tu as donné au monde la grâce, — le soleil et la lune; — tu as tout créé par couple, — [pour que la jeune fille fasse une ronde avec le jeune homme].

IX. Donne-moi ma vie, — prends mon âme en pitié, — (ô) ma gloire et mon honneur, — ma confiance et mon espoir, — tu connais mon désir.

X. Seigneur, ton nom est un; — tout est ta création, — les anges sont ton œuvre, — et nous sommes ton témoignage, — il n'est pas d'autre auprès de toi.

XI. Quiconque t'appelle du fond du cœur, — tu te trouves auprès de lui, — tu entends sa prière; — par sa ferveur — est faite sa volonté.

XII. Celui qui va prier, — qu'il purifie son cœur — et demande ce qu'il voudra : — Dieu le lui enverra, — qu'il ne se fie pas à l'homme.

XIII. Car ton obligation est grande, — nombreux tes miracles, — et grand le courage — que tu as montré par ta dextre; — tes créatures ont été terrifiées.

XIV. Ton borée a bu la mer; — elle s'est desséchée devant toi, — pour que passent tes enfants : — qu'ils célèbrent ton nom, — car ils ont vu tes miracles.

XV. Ils avaient un nuage devant eux, — des nuages autour d'eux; — un feu a paru devant eux, — il éclaire leur marche, — et un ange auprès d'eux.

XVI. Tu m'as créé, gouverne-moi, — préserve-moi des peines, — rassasie-moi de bonheur, — pare-moi de vêtements, — et assieds-moi dans le Gan-Éden (le Paradis).

XVII. Fais-moi remise de mes fautes, — guéris ma maladie, — fais-moi ma volonté, — purifie mon cœur — et mes pensées.

XVIII. Le Dieu qui juge, — s'il veut m'aider, — qui pourra me vaincre? — Il fait ce qu'il veut, — qui peut l'en détourner?

XIX. Je n'envie ni fortune ni richesses, — dans ton honneur je marche. — Seigneur, tu sais ce que je réclame, — je le demande jour et nuit, — j'ai confiance en ton nom.

XX. J'ai péché, pardonne-moi, — lave-moi et purifie-moi, châtie-moi de mes fautes, — sauve-moi de la fosse — et assieds-moi à ta droite.

XXI. Est-ce parce que je veux briller, — après, quand je mourrai ? — Avec les fautes que je commets — et dont je ne puis me remémorer, — je n'obtiens nulle guérison.

XXII. Je montrerai mon zèle, — tant que j'aurai de la force, — pour . . . . ., — gagner l'Éden . . . . . — . . . . .

XXIII. Il est un trompeur qui trompe, — c'est lui qui me perd, — il m'endort, ne me réveille pas — et me dit : Jouis du mois de mai ! — et sans cesse me martyrise.

XXIV. Il m'a dominé dedans et dehors, — je ne puis le repousser. — Seigneur, aide-moi à le chasser, — à progresser un peu, — à l'arracher de moi.

VARIANTES.

Str. I, l. 1. *δυναμωμένι* dans *B*. — L. 2. *εἰς τὰ ὁ. καθισμένι* dans *B*. — L. 3 *σ7ροὺς* dans *A*. *τοὺς ἀγγέλος παινιμένι* dans *B*. — L. 4. *γιδὲς. κιλαίνε*. Le refrain est après le quatrième vers de la strophe, et ainsi partout dans *A*. — *ἰδὲς τὸν λαόν σου ποῦ κλαίνι* dans *B*. — L. 5. *κι τοὺ. σοῦ* manque dans *B*.

Str. II, l. 7. *γιδὲς* dans *A*. *γῦρε ἰδὲς τοὺ* dans *B*. — L. 8. *κάμι κι γιὰ τοὺ ὄνουμά σου* dans *B*. — L. 9. *λιμονήσου. πιδιά* dans *B*. — L. 10. *καρτιροῦν τὴν λιυτιριά σου* dans *B*. — L. 11. *δεῖξε τὴ λευτεριά σου* dans A.

Str. III, l. 13. *Θεέ, ποῦ ἔπλασες* dans *B*. — L. 14. *Θάλασσα κι* dans *B*. — L. 15. *πιρέπει* dans *A*. *ἐσένα περέπει πρηΦάνεια* dans *B*. — L. 16. *λιμονήσου* dans *B*.

Str. IV, l. 19. *ἁ Φυλὴ* dans *A*. *ξιθιαλιγμένη* dans *B*. — L. 20. *ἀπὸ τὸ νοῦν σου* dans *B*. — L. 21. *παντοχὶ* dans *A*. *ποῦ εἶναι* dans *B*. — L. 22. *ὡς Θὴ σ. Θέλει εἶναι* dans *B*. — L. 23. *εἰσεκομπημένη* dans *A*. *εἰς τὸν Θιὸ* dans *B*.

Str. V, l. 25. *δίνει* dans *A*. *παιδιυμένων* dans *B*. — L. 27. *λιυτιριὰ. ἐσκλαβωμένων* dans *B*. — L. 28. *κι πισωμὶ* dans *B*. — L. 29. *κι ψ. τῶν πεθαμμένων* dans *B*.

Str. VI, l. 31. *μολογήσου* dans *B*. — L. 32. *ὁμπιριοῦ* dans *A*. *πρὶν νὰ ξεψυχήσου* dans *B*. — L. 33. *τὰ πιδιά σου λιμονήσου* dans *B*. — L. 34. *τὰ κρίματα λησμονήσου* dans *B*. — L. 35. *μὴν* dans *A*. *πρὶν τοὺ σ7όμα μου νὰ κλείσου* dans *B*.

Les strophes VII-XII manquent dans *B*, ainsi que XVII-XXIV.

Str. VII, l. 40. *τάβονα* dans *A*. — L. 41. *ἀπὸ* dans *A*.

Str. XIII, l. 73. *ἡ μολιά σου* dans *B*. — L. 74. *θαυμάσματά σου* dans *B*. — L. 76. *ποῦ ἔκαμες μὲ τὰ πιδιά σου* dans *B*.

Str. XIV, l. 79. *ἔπιε ἀπὸ ὀμπροσ7ά σου* dans *A*. *ἤπιε* dans *B*. — L. 80. *σ7. ἀπὸ τὸ βοριᾶ σου* dans *A*; *ἐσ7έγνωσε ἀποὺ ἐμπροσ7ά σου* dans *B*. — L. 81. *νὰ πιράσουν τὰ πιδιά σου* dans *B*. — L. 82. *ἔκαμες γιὰ τὄνουμά σου* dans *B*. — L. 83. *καὶ εἶδαν τὰ θαυμάσματά σου* dans *B*.

Str. XV, l. 85. *ἤρταν ἐμροσ7ά* dans *B*. — L. 86. *σύγνεφο ὀλούγυρά σου* dans *B*. — L. 87. *καὶ φουτιὰ πάε ἐμπροσ7ά σου* dans *B*. — L. 88. *τοὺ πιρπάτημά σου* dans *B*. — L. 89. *κ' ἄγγελος ἀποὺ κοντά σου* dans *B*.

Str. XVI, l. 91. *μὲ ἔπλασις, γκυβέρνησέ μι* dans *B*. — L. 92. *ἀποὺ. μι.* dans *B*. — L. 95. *ντοβλέτι* dans *A*. *μι* dans *B*. — L. 94. *κι. σ7όλισέ μι* dans *B*. — L. 95. *εἰς τοὺ Γκὰν-Ἔντεν ἔμβασέ μι* dans *B*.

Str. XVIII, l. 107. *ποιοὺς* dans *A*.

Ces variantes intéressent plus la forme que le fond de l'hymne : celle-ci est un composé de réminiscences bibliques, dont il a suffi de signaler quelques allusions par des références notées au bas du texte, et il serait superflu d'insister sur ces formules de la liturgie juive. Toutefois, un détail arrête le lecteur : la discordance entre le titre du poème et son contenu. Par le titre, on sait que l'hymne a été composée pour la fête de « Pourim » ou d'Esther, tandis que dans la suite il n'est fait la moindre mention ni de cette reine, ni d'Assuérus, ni d'Haman, ni de Mardochée, si bien que ce chant si vague pourrait aussi bien être applicable à n'importe quelle autre solennité religieuse. C'est à la fois un morceau d'édification pieuse et une prière pour solliciter l'indulgence divine. D'où vient la tristesse qui prédomine dans ces vers? Pourquoi cette exhalaison de chants plaintifs, au lieu d'expressions d'allégresse inhérentes à la fête d'Esther? Il se peut que l'auteur ait moins songé à cette fête qu'à la veille, au jour consacré à un jeûne; celui-ci, comme on sait, est institué selon la recommandation adressée par la même reine aux Juifs de Suse et observé dès lors par eux (*Esther*, IV, 16).

Il nous reste à tenir compte des observations relatives au texte, qu'a bien voulu noter M. Hubert Pernot; elles corroborent des remarques grammaticales antérieures.

La version A provient vraisemblablement des îles Ioniennes. On y relève comme particularités linguistiques intéressantes : *ὀρανιὰ* pour *οὐράνια*, v. 2, 17; *εἰσεκομπημένη* pour *εἰσκουμπημένη*,

v. 23 (Pernot, *Études de linguistique néo-hellénique*, I, 154-156); *θεγός* pour *θεὸς*, v. 23, 70, 104 (*ibid.*, 524 et suiv.); *γιδὲς* pour *ἰδὲς*, v. 4 (*ibid.*, 527 et suiv.); *θηλκό* pour *θηλυκό*, v. 36, et *μδὲ* pour *μηδέ*, v. 71 (*ibid.*, 133 et suiv.); *κοὺς* pour *ἀκούς*, v. 63 (*ibid.*, 205 et suiv.); *ἀνικήσῃ* pour *νικήσῃ*, v. 105, *ἀϐόηθα* pour *βόηθα*, v. 141 (*ibid.*, 219 et suiv.); *ὁμπ(ι)ριοῦ*, v. 32, à rapprocher de *ϖριχοῦ*, *ϖροτοῦ*; *ὀχ* pour *ἐκ*, v. 20, 64, 118; *θιαμάσματα* pour *θαμάσματα*, v. 74, 83; *ἀπαύτως* pour *ἀπαύστως*, v. 137; *δὲν ἔ* pour *δὲν εἶναι*, v. 59, par dissimilation (*ibid.*, 492); *ϖιρέπει* pour *ϖρέπει*, v. 15 (*ibid.*, 131).

La version B est en grec septentrional. On pourrait songer à Salonique. Les *ε* et les *ο* atones sont souvent changés en *ι* et en *ου*; *δυναμωμένε*, v. 1; *καθισμένι* pour *καθισμένε*, v. 2; *ὄνουμα* pour *ὄνομα*, v. 8, etc. Remarquer en outre *ἀγγέλος* pour *ἀγγέλους*, v. 3; *ϖισωμί* pour *ψωμί*, v. 28.

Dans la strophe VIII, les mots « que la jeune fille fasse une ronde » ont été traduits sur la proposition de M. Ab. Danon : il entend dans ce sens le terme *κοῦπρα* [(1)]; le grec moderne connaît *τσοῦπρα* dans le sens de « jeune fille ».

Strophe XIII : le mot *μολογία* mis pour *ὁμολογία* « aveu, reconnaissance, confession, obligation [(2)] », reste obscur, de même que les vers 129 et 131.

En passant, on notera les négligences grammaticales du chantre populaire qui a composé l'œuvre, ou au moins celles du scribe. Ainsi, il transcrit par une seule et même voyelle hébraïque ־ֵי les trois voyelles grecques *η*, *ι*, *ε*, comme s'il avait confondu en une seule les nuances délicates, mais sensibles, des trois sons, qu'il aurait pu exprimer par ־ֵי, ִ (*i* bref), et ֶ ou ֵ (*é* long). De même, une singulière corruption détonne à la fin de la strophe XVI du texte d'Oxford (l. 95, avant le refrain) :

סטוקינִיטי קאתיסימי, ou *σἸὸ Κενέτι κάθισέ με.*

Le mot *κενέτι* serait incompréhensible si l'on n'avait pas la transcription du ms. de Chalcis, str. X, où le même vers a les

(1) C'est cependant peu problable, puisqu'on a déjà *θηλ(υ)κό* qui a ce sens.

(2) Ce mot doit être pris dans le sens de « remerciements », comme dans I Esdras, IX, 8 (Septante), selon l'observation que M. Th. Reinach a la bonté de nous adresser sur ce point.

mots גן עדן « jardin de l'Éden » (paradis), espoir suprême de séjour pour les croyants.

D'intéressantes remarques à ce sujet m'ont été remises par un hébraïsant doublé d'un helléniste, M. A. Politi Argi, directeur de l'école communale israélite à Tireh (Syrie). Les voici.

Str. VIII, v. 16.

τὸ σίρκο θηλκὸ νὰ πάρῃ = τὸ θηλκὸ σίρκο νὰ πάρῃ
κοῦπρα μὲ τὸ παλληκάρι = προῦκα μὲ τὸ παλληκάρι.

Le mot *σίρκο* qui paraît là être le sujet n'est en réalité que le complément, et *θηλκὸ* qui paraît être le complément est en fait le sujet.

Vers 17 : *κοῦπρα*. C'est probablement un anagramme, pour *προῦκα* (*προὶξ*), vulg. *προῖκα* ou *προῦκα*, signifiant « dot ».

En sorte que la traduction est à reconstituer ainsi :

Que la jeune fille prenne (dans le sens d'*épouser*) le jeune homme, une dot conjointement au gaillard.

Str. XXI, v. 121 : *Τάχα ποῦ θέλω νὰ φάνω.*

Au lieu de :

Est-ce parce que je veux briller ?

Il faut :

Où est-ce que je dois paraître
Après ma mort ?
Avec les péchés que je commets
et que je ne puis me remémorer,
Je ne sais nul remède.

Vient ensuite la strophe XXII, v. 129 à 131, où ce remède consiste dans le repentir, לחזור בתשובה « pour m'en repentir sincèrement ».

γυρίζω, en grec vulgaire (de *γύρω* « autour ») veut dire « tourner », d'où חזור, מחזור, חזרה, etc. Puis il est dit finalement : *μέρα χαμέτι* = en arabe مرحمة « pitié ».

Dans plusieurs régions on dit : *συμάθειο* pour *συγγνώμη*, signifiant « pardon, compassion ». C'est l'équivalent du terme *συμπάθησέ με* « pardonne-moi, aie pitié de moi, aie compassion de moi ». Il s'ensuit que lorsqu'on implore la compassion, on est repentant du mal commis.

Str. XXIII, v. 133 : *Πλανέτης εἶνε ποῦ πλανάε.* C'est le יצר הרע.

RELIQUES DE LITTÉRATURE JUDÉO-CARAÏTE.

Du résumé d'une communication faite au XVIe Congrès des Orientalistes, à Athènes, le 11 avril 1912, par M. le grand rabbin Abr. Danon, on peut tirer d'intéressantes notes sur la littérature gréco-caraïte : c'est un dialecte encore usité parmi les Caraïtes de Haskeuy à Constantinople, qui avait été oublié et négligé.

Ce savant signale d'abord des en-têtes de chants disparus, dont les poètes juifs avaient fait naguère une imitation littéraire ou mélodique. Voici deux exemples, l'un de source rabbanite : טראנדיפילי = Τριανταφυλληά (changé en תרן דא פי לאל); l'autre, d'origine caraïte : יה אל צורי, « selon l'air grec », כנינון יוני, débute ainsi : פישמים נא מיקאנים = Πίσμαις να μηνκάνης « ne me fais pas de mal ».

Le plus sûr dépôt des vocables cristallisés de ce dialecte est dans l'onomastique caraïte, dont voici quelques spécimens : אפידה et אפידופולו, de Efendi (= αὐθέντης?); חרסוקאלי (= χρυσό-καλή « or bon *ou* pur »); ירקא (= ἱεράκι « épervier ou faucon »); מרולי (= μαροῦλι « laitue »); פושטירא (= φωστήρ « luminaire »).

Après les noms propres, viennent les locutions et phonèmes grecs, tirés d'ouvrages caraïtes, dont voici les auteurs les plus importants :

Abu-Jacob Albacir (xe siècle), dans le ספר נעימות; Tobie b. Moïse (xie siècle), dans le אוצר נחמד; Juda Hadassi (xiie siècle), dans le אשכול הכופר, qui donne une terminologie philosophique en grec; Elie Bassiatchi (xve siècle), qui, dans son אדרת אליהו, nous donne une liste de végétaux, digne parallèle de l'antique Γλωσσάριον, publié par M. P. Kéraméos. Enfin, Elie Aféda Béghi (xviie siècle), dont le מאירת עינים « vocabulaire hébréo-grec » doit faire, avec un autre lexique anonyme, l'objet d'une étude spéciale. On l'a vu cité, plus haut (III, § 1), à titre de commentateur biblique.

Passant à d'autres genres de cette intéressante littérature, transcrivons d'abord des proverbes et énigmes, communiqués par M. A. E. Cohen, chef de la communauté caraïte de Constantinople :

1. Sentences.

Κάϊο κεχρί ἀπ' τὸ τόποσου καὶ ὄχι σιταρι ἄπο ὄξω (mieux est le millet de ton pays que le froment du dehors).

Ψεύτητο 'σπίτι ἐκάϊκεν καὶ δὲ τὸ ἐπίσ7ευσαν (la maison du menteur a brûlé, et on ne l'a pas cru).

Ξύλο ἔϐγῆκεν ἀπ' τὴν גן עדן (le bâton est sorti du paradis).

II. Devinettes.

Μανδαλόνω καὶ κλειδόνω καὶ ὁ κλέπ7ης εἶνε μέσα (je ferme au loquet et à clef, et le voleur est dedans). — Solution : le soleil.

Τσίμπι τσίμπι τὸν ἀετόν	Pique, pique l'aigle
τὸν ἀετόν, τὸ σ7ραϐατόν	l'aigle, le vautour,
ϖέρνει ἡ ϖάπια τὸ κοντάρι	le canard prend la verge
καὶ κτυπάϊ τὸ καλαμάρι	et frappe l'encrier
ἄρες μάρες σκαμνὶ ϖοδάρι	par-ci, par-là, l'escabeau, le pied.

Solution : la plume.

Viennent, enfin, deux hymnes, dont voici les passages les plus compréhensibles : 1° en caractères hébraïques, comme ils ont été transmis; 2° en transcription grecque; 3° traduits en français.

A. Complainte (*Μυρολόγι*), entonnée par de vieilles familles caraïtes, du 7 au 10 Ab, pour commémorer la destruction du Temple de Jérusalem, et qui semble une variante de l'élégie éditée par M. Papageorgios (Athènes, 1901), citée plus haut p. 129.

שוּפָאשֵׁיתֵין שִׁישִׁיתֵין, נָאפוּמֵין מִירוּלוֹיֵי
יְאדִין אַיָיא פַּאנֵי בְּיֵינֵי אָיָיא יְרוּשָׁלָיִם
וַרְיָיא נַאנַסְטֵינַקְסִיטֵין· מֵיגַאלַה נַסְלִיפִּיטֶין
מֵיגַאלַה נַסְטִיגִיסֵיטֵין, כִּי אָפּוּמוּנִי נָאמִינִינֵי
יְאדִי בָּאשִׁילוּשִׁינִיטִישׁ, מִיטָא דִין אַרְכוֹנְדְיַאטִישׁ

. . . .

אֵיכַשָׁה טָא פוּשָׁאטְיָמוּ, פּוּ מַטְרִימוּ דַאנִיכַן
אַלוּאז אֵפָּאיֵין טוּשְׁפָּאתַי, אַלוּשׁ אֵפָּאיֵין אִפִּינָה
אַלוּשׁ אֵפַּאגָן תָא תֵרְיָוא, אֵפַּאגָן תָאַגְרְיָיא
טוּשׁ אִיכֵן טָאַגְרְיָיא פְּרוּשׁ יוּטָא, קִי טָא תֵרְיָיא פְּרוּשׁ יִפְּנוּ
אִיפְרַאמֵינוּנְדוּשׁ אִי אַבְיֵי יִמְנוּשׁ, קִי נִכְטָא מַטוּמֵינוּשׁ

אבְרֵינְדוּשׁ קְשִׁימֵירוּמָה. שׁוּאֵימָה כִּילִיזְמֵינוּס
אֵיכַשָׁה כִּילְיָיא קְקִינָה. אֵיכַשָׁה מֵוְרָא מֵטְיָיא
קִי גְלוּשֵׁישׁ אֵיְידוּנוּ לַאלוּשֵׁישׁ. אֵיפַגְנְדֵישׁ טָא אַגְרְיָיא

Σ(ι)ωπάσεθεν (ἡ)συ(χά)σεθεν, νά ϖοῦμεν μυρολόγι
ἰα δήν ἁγιά ϖάνε, βγαίνει ἁγιά Ἰερουσαλάϊμ
βαρειά ν' ἀνασʼlενάξετεν, μεγάλα νά σλιπήτεν (= Θλίψητεν)
μεγάλα νά σʼlειγήσετεν καὶ ἀπομονή νά μὴν εἶνε
ἰά δή βασιλοσύνη της μετὰ δήν ἀρχοντιά της

. . . .

Ἔχασα τά ϖουσάτια μου ϖοῦ μετρημό δέν εἶχαν·
ἄλλους ἔφαγεν τό σπαθί, ἄλλους ἔφαγεν ἡ ϖεῖνα,
ἄλλους ἔφαγαν τά θεριὰ, ἔφαγαν τὰ ἀγριά·
τούς εἶχαν τά ἀγριά ϖρός γεῦμα, καί τά θεριά ϖρός ὕπνο
ἐυραμένουν τους ἡ ἀυγή γυμνός, καὶ νύκτα ματωμένος
ηὖρεν τους ξημέρωμα σό αἷμα κυλισμένους
ἔχασα χειλιά κόκκινα, ἔχασα μαῦρα μάτια
κ(α)ί γλῶσσες ἀηδονή λαλοῦσες ἐφάγαντες τά ἀγριά.

TRADUCTION.

Taisez-vous, restez tranquilles, que nous disions une complainte
Au sujet du sanctuaire (qui) s'en va, s'évanouit la sainte Jérusalem,
Que vous soupiriez profondément, que vous vous affligiez beaucoup,
Imposez-vous de grandes privations, et qu'il ne reste point de patience,
Pour sa royauté avec sa grandeur. . . . .
J'ai perdu mes armées qui étaient innombrables;
Les uns furent dévorés par le glaive, les autres furent consumés par la faim,
D'autres furent mangés par les animaux, consommés par les bêtes sauvages,
Ils servaient de dîner aux bêtes féroces, et aux animaux pour sommeil,
L'aurore les trouvait nus et la nuit sanglants,
Le point du jour les trouvait roulant dans le sang,
J'ai perdu des lèvres rouges, j'ai perdu des yeux noirs,
Et les langues parlant des douceurs ont été mangées par les bêtes féroces.

B. Habdala (chant pour samedi soir), commençant par le même mot (*ἤρταμε*) que l'ode chantée le 1er Adar, au temple israélite de

Corfou (*Jew. Encyclopedia*) et qui rappelle, par son contenu, l'hymne אחד מי יודע (fin du Rituel de Pâque), chanté par les Juifs Séfardim dans sa traduction espagnole. En voici les premières strophes :

אִירְטָאמֵין סוֹ אֵינָא, אֵינָאס אִינֵה אוֹ טֵיאוֹס,
פָאנְטָא כֵילָיְדִי כֵי לֵיִי אֵינָאס אִינֵה אוֹ טֵיאוֹס.
אִירְטָאמֵין סְטָא דִיוֹ, דִיוֹ פְרִיכֵס דְיָיאלֵינגוּנְדֵן,
דְיָיאלֵינגוּנְדֵן טוֹ אָאִידוֹנָאכִי. פָאנְטָא וכ"ו.

Ηρταμεν σό ἕνα, ἕνας εἶνε ὁ Θεός,
πάντα κελαϊδεῖ καί λέγει : ἕνας εἶνε ὁ Θεός.
Ἤρταμεν σ7ά δύο, δύο περ(δ)ίκαις διαλέγουντεν
διαλέγουντεν τό ἀηδονάκι, πάντα κτλ.

TRADUCTION.

Nous arrivons à l'Un, unique est Dieu,
Tout chante et dit : Dieu est Un.
Nous venons aux Deux, deux perdrix ont été choisies;
A été élu le Rossignol (=Moïse et Aaron); tout chante, etc.

Il n'est que temps de noter les reliques d'un dialecte qui va disparaître; car, hors de Haskeuy, — abstraction faite de la langue turque ou de l'espagnol, — les Juifs parlent le pur grec dans toute l'Hellade.

INDEX ALPHABÉTIQUE.

[Les titres en *italiques* visent les ouvrages cités.]

PRINCIPAUX MOTS GRECS.

PRINCIPAUX MOTS HÉBREUX.

TABLE DES MATIÈRES.

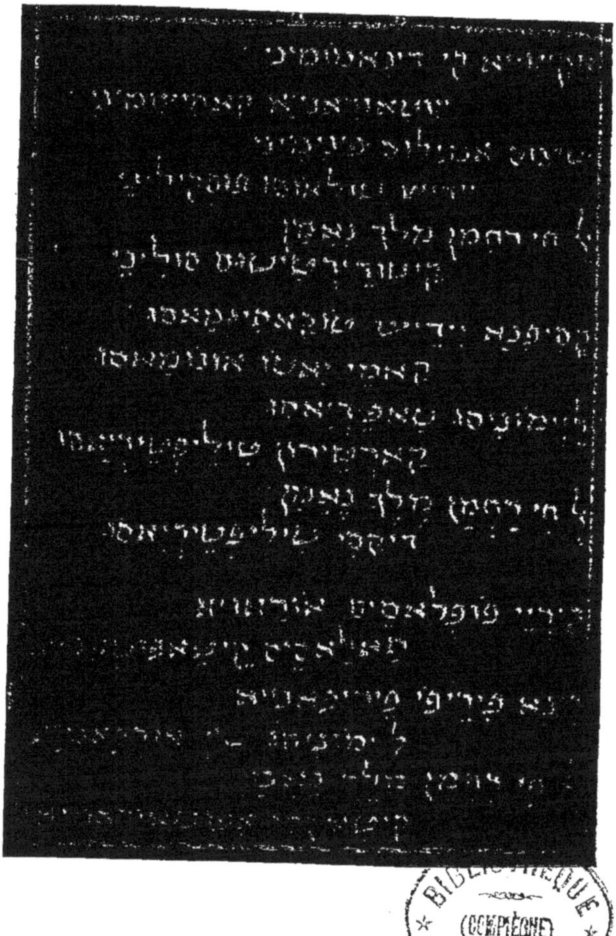

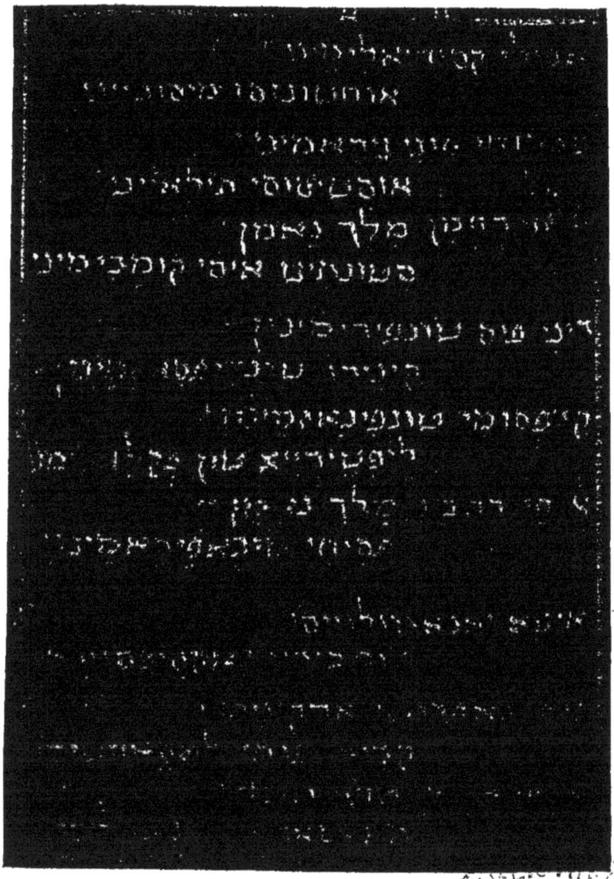

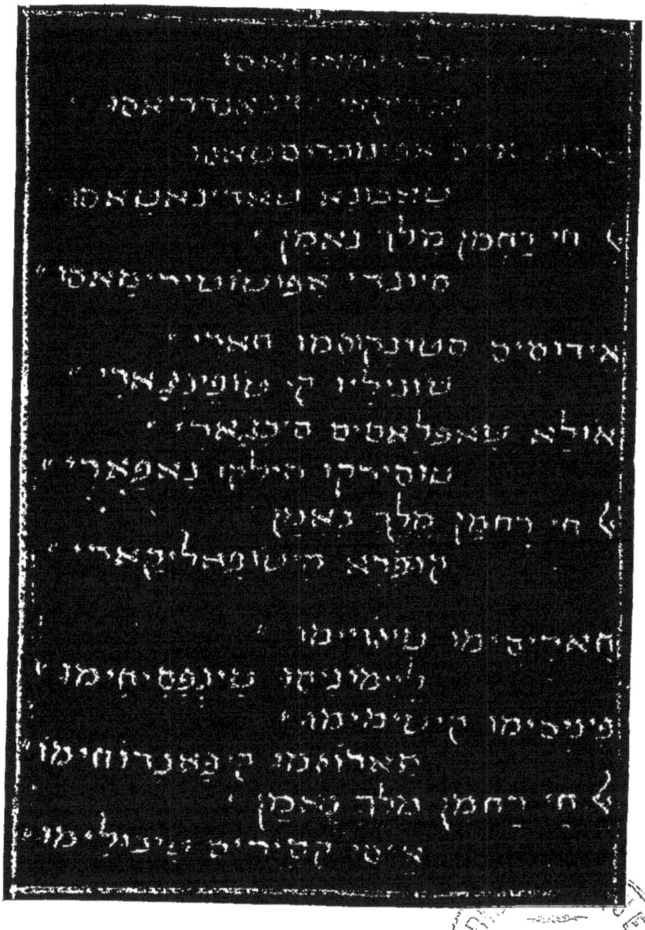

[illegible]

[illegible]

[illegible]

[illegible]

חי רחמן מלך נאמן

[illegible]

אידוסיס סטינקוסמו חאיי

שוניליו קי שופינצארי

אולא שאפלאטים סיטצארי

שוסירקו היליקו נאפארי

חי רחמן מלך נאמן

[illegible]

[illegible]

[illegible]

[illegible]

[illegible]

חי רחמן מלך נאמן

[illegible]

ביאין קירי נומנאסו ׳
קיאלא איני פלאנטאנדו
...ילי קאמינאסו ׳
קיאימיס איטמארטיריאסו
ל׳ ויירחמן מלך נאמן
דיזי דיפ׳ירוס פ׳ימאסו ״
פוס קדאקסי מיקארדיאשו ״
איזי בריסקיטי פ׳ימאשו ׳
קיס טופארקאליקמאשו ׳
אוחטאגילירא דיקאשו ׳
ל׳ פי ריחון מלך נאמן יינישי טו
תילימאשו
פוחילא פארקאלי׳
שינקארדיאטו נפאסטריסי
דיאשי תילי אייריפסי
אוחיבום נאשונופיסי ׳
ל׳ חירחום מלך נאמן ״
קאתרועין נאמדי תאריפסי

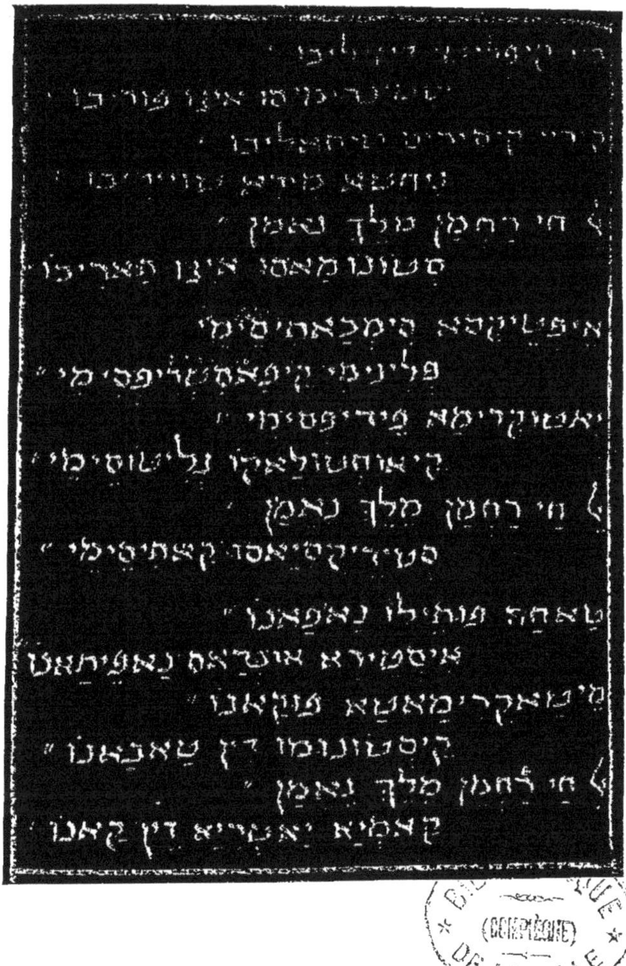

די קיפליז דידילבו

יש׳ ערימוס אינו פוריבו

קירי קיסירים ידחאליבו

טיהשא מירא ערייבו

ג׳ חי רחמן מלך נאמן

סטונומאסו אינו תאריכו

איפליקפא הימכאתיסימי

פלינמי קיפאסטריפסימי

יאטוקרימא פירימסינוי

קיאוחטולאקו גליטוסימי

ט׳ חי רחמן מלך נאמן

פטריקסיאסו קאתיסילי

טאחה מותילו נאפאנו

איסטירא אוטראס נאפיתאט

מיטואקרימאטא פוקאנו

קיסטונומו דין טאבאנו

ל׳ חי רחמן מלך נאמן

קאמיא יאטריא דין קאנו

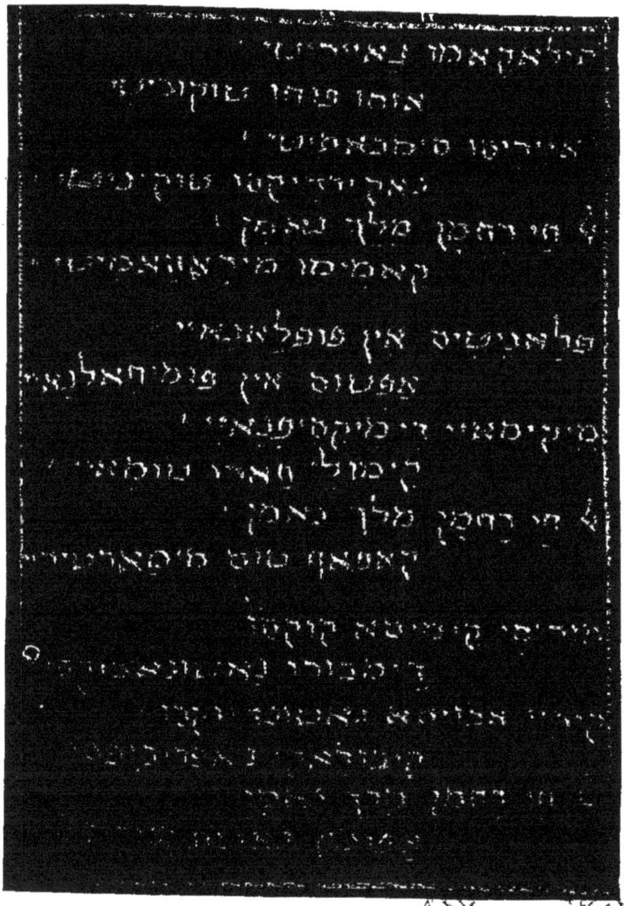

Pl. XI.

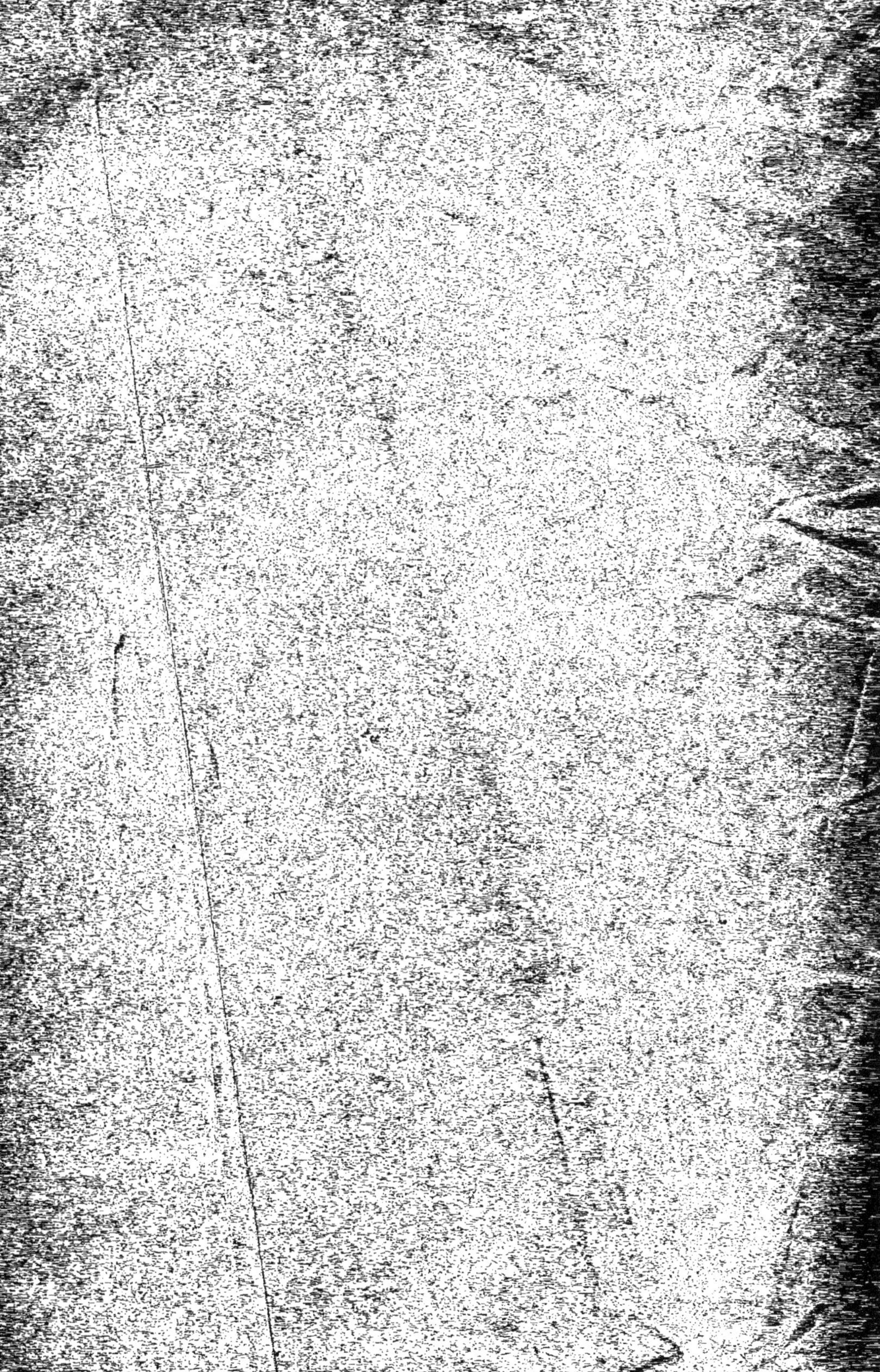

SE TROUVE À PARIS

À LA LIBRAIRIE ERNEST LEROUX

RUE BONAPARTE, 28

www.ingramcontent.com/pod-product-compliance
Ingram Content Group UK Ltd.
Pitfield, Milton Keynes, MK11 3LW, UK
UKHW021042200726
13857UKWH00003B/774

9 782012 936812